全渠道模式下
制造商的定价与渠道协调
策略研究

王珊珊

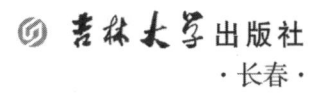

著

吉林大学出版社
·长春·

图书在版编目（CIP）数据

全渠道模式下制造商的定价与渠道协调策略研究 / 王珊珊著. -- 长春：吉林大学出版社，2023.8
ISBN 978-7-5768-1976-2

Ⅰ.①全… Ⅱ.①王… Ⅲ.①零售企业—购销渠道—研究 Ⅳ.①F713.32

中国国家版本馆CIP数据核字(2023)第144045号

书　　名：全渠道模式下制造商的定价与渠道协调策略研究
QUANQUDAO MOSHI XIA ZHIZAOSHANG DE DINGJIA YU QUDAO XIETIAO CELÜE YANJIU

作　　者：王珊珊
策划编辑：高珊珊
责任编辑：甄志忠
责任校对：田　娜
装帧设计：李　宇
出版发行：吉林大学出版社
社　　址：长春市人民大街4059号
邮政编码：130021
发行电话：0431-89580028/29/21
网　　址：http://www.jlup.com.cn
电子邮箱：jldxcbs@sina.com
印　　刷：文畅阁印刷有限公司
开　　本：787mm×1092mm　　1/16
印　　张：10.5
字　　数：150千字
版　　次：2023年8月　第1版
印　　次：2024年4月　第2次
书　　号：ISBN 978-7-5768-1976-2
定　　价：58.00元

版权所有　翻印必究

前 言

互联网技术的快速发展为制造商企业发展全渠道创造了良好的机遇，定价与渠道协调也是制造商在建设全渠道过程中必须面对的问题。在全渠道模式下，制造商企业将整合其线上线下的渠道资源为消费者提供无缝衔接的购物体验。然而，消费者的社交化购物行为、消费者的再购买行为和消费者的退货行为等对制造商实现全渠道转型提出了一系列挑战，这也使得全渠道模式下的制造商定价与渠道协调研究更具复杂性和必要性。

因此，本书从制造商的角度出发，运用消费者效用理论、博弈论以及最优化理论等，主要解决全渠道零售实践中存在的突出问题。本书将围绕"在面对不同的消费者行为时，全渠道模式下的制造商应制定怎样的定价策略"和"在完成最优定价决策之后，当面对渠道成员之间的冲突时，全渠道模式下的制造商应设计怎样的协调机制"的研究思路，探讨制造商视角下的全渠道定价和渠道协调问题，为制造商企业在进行全渠道战略布局方面给出了一定的建议。

本书研究的主要内容包括以下四个方面：首先，在全渠道模式下，消费者的购买行为会发生相应的变化。因此，针对消费者的再购买行为和跨渠道购买行为，本书第三章构建了全渠道模式下考虑会员权益的制造商定价博弈模型，分析了会员体系共享对制造商定价决策和收益的影响。与此同时，本书第四章针对消费者在全渠道模式下的退货行为，分析了退货运费险与全渠道退货策略之间的内在联系，构建了以全渠道制造商为研究对象的博弈模型，探讨了全渠道模式下考虑退货运费险的制造商定价策略。然后，在完成定价决策之后，制造商企业应如何整合线上线下渠道的资源为消费者提供最佳的购物体验，并能够有效协调渠道成员之间的冲突，实现共赢也成了一个至关重要的问题。因此，本书第五章考虑一条由拥有线上渠道的制造商和传统零售商组成的二级供应链，并探讨全渠道零售的主流模式之一，即线上订购线下取货（BOPS，buy-online-and-pick-up-in-store）对渠道成员的服务决策和收益的影响。最后，本书第六章研究了考虑全渠道零售的另一主流模式，即线上订购线下发货（SFS，ship-from-store）模式下的制造商供应链渠道协调问题。本章基于SFS模式，以拥有线上渠道的制造商和传统零售商为研究对象，分析了在分散式决策和集中式决策两种情形下渠道成员的定价决策和收益，并设计了相应的契约以解决供应链的协调问题。

  本书是作者多年来对全渠道模式下制造商的定价和协调策略研究成果的总结，并受到上海市科委启明星项目——扬帆专项（23YF1415600）的资助。本书致力于反映研究的系统性，涉及管理学和运筹学等相关学科，对从事渠道定价和协调研究的教师、学生及相关研究人员具有一定的参考价值。由于作者知识水平和能力有限，本书难免存在一些疏漏和不足之处，敬请读者批评指正，以便在今后的研究工作中不断修正与完善。

王珊珊

2023 年 11 月 10 日

目 录

第一章 绪论 ··· 1
  1.1 研究背景与意义 ······································ 1
    1.1.1 研究背景 ·· 1
    1.1.2 研究意义 ·· 4
  1.2 研究内容与目标 ······································ 7
    1.2.1 研究内容 ·· 7
    1.2.2 研究目标 ·· 9
  1.3 本书创新点 ··· 11

第二章 国内外研究现状 ······································ 13
  2.1 全渠道定价策略研究 ································· 13
  2.2 全渠道服务策略研究 ································· 17
  2.3 全渠道整合策略研究 ································· 20
  2.4 渠道协调机制研究 ··································· 25
  2.5 研究综述 ··· 29

第三章 全渠道模式下考虑会员权益的制造商定价策略研究 ········ 31
  3.1 研究背景 ··· 31
  3.2 问题描述与假设 ····································· 33
  3.3 模型构建与求解 ····································· 36

3.3.1　未引入会员体系共享(N) …………………………… 36
　　　3.3.2　引入会员体系共享(S) ……………………………… 43
　3.4　对比分析 ………………………………………………………… 53
　　　3.4.1　价格和需求分析 ……………………………………… 53
　　　3.4.2　收益分析 ……………………………………………… 60
　　　3.4.3　消费者剩余分析 ……………………………………… 66
　3.5　本章小结 ………………………………………………………… 69

第四章　全渠道模式下考虑退货运费险的制造商定价策略研究 …… 71
　4.1　研究背景 ………………………………………………………… 71
　4.2　问题描述与假设 ………………………………………………… 73
　4.3　模型构建与求解 ………………………………………………… 76
　　　4.3.1　不提供BORS服务和退货运费险(NN) …………… 76
　　　4.3.2　仅提供退货运费险(NI) ……………………………… 78
　　　4.3.3　仅提供BORS服务(BN) …………………………… 79
　　　4.3.4　提供BORS服务和退货运费险(BI) ……………… 81
　4.4　均衡策略分析 …………………………………………………… 83
　　　4.4.1　退货运费险策略选择 ………………………………… 84
　　　4.4.2　退货渠道选择 ………………………………………… 87
　4.5　算例分析 ………………………………………………………… 91
　4.6　本章小结 ………………………………………………………… 94

第五章　全渠道模式下考虑线下提货的制造商供应链渠道
　　　　协调策略研究 ……………………………………………… 96
　5.1　研究背景 ………………………………………………………… 96
　5.2　问题描述与假设 ………………………………………………… 98

5.3 模型构建与求解 …… 101
　　5.3.1 未引入 BOPS 渠道（N） …… 101
　　5.3.2 引入 BOPS 渠道（B） …… 105
5.4 对比分析 …… 109
　　5.4.1 BOPS 渠道对服务决策的影响 …… 110
　　5.4.2 BOPS 渠道对收益的影响 …… 112
5.5 协调契约设计 …… 118
5.6 本章小结 …… 121

第六章 全渠道模式下考虑线下发货的制造商供应链渠道协调策略研究 …… 123

6.1 研究背景 …… 123
6.2 问题描述与假设 …… 125
6.3 模型构建与求解 …… 128
　　6.3.1 分散式决策模式（D） …… 128
　　6.3.2 集中式决策模式（C） …… 131
　　6.3.3 对比分析 …… 132
6.4 协调契约设计 …… 134
6.5 本章小结 …… 138

第七章 结论与展望 …… 140

7.1 研究总结 …… 140
7.2 研究展望 …… 142

参考文献 …… 144

第一章 绪论

1.1 研究背景与意义

1.1.1 研究背景

网络零售在过去的十几年得到了迅猛发展。2020年中国电子商务交易额达37.21万亿元,其中,网络零售市场交易规模为11.76万亿元,同比增长10.9%;另外,移动电子商务交易规模达到7.98万亿元,同比增长18.1%。截止到2021年6月,中国网购用户规模达8.12亿人。在网络零售方面,线上购物为消费者提供了广泛的产品选择,对消费者的时间和空间限制较少,且线上渠道的营销方式也较为多样;但是随着网络零售市场的发展,消费者体验差、过度依赖低价和退货率高等网络零售的问题逐渐凸显出来。在实体零售方面,线下购物在增强消费者体验、建立品牌认知和降低物流成本方面也有其独特的价值;但是线下渠道零售的灵活性、便捷性以及选择性都相对较弱。因此,如何将网络零售渠道和实体零售渠道的优缺点进行互补融合,进行全渠道运作以满足顾客购物、娱乐和社交的综合体验需求将是零售业的未来发展方向。近些年来,全渠道零售的含义不断被丰富和研究,但总的来说,全渠道零售是指企业将不同的销售渠道进行整合,允许消费者在不同渠道之间自由选择，从而将消费者在各种不同渠道的购物体验无缝链接起来。作为纯电商领头羊的阿里巴巴董事局主席马云也提出，纯电商时代已经过去，线上、线下和物流结合在一起诞生的"新零售"才是未来零售业的全新商业模式。

在移动互联网背景下，尽可能多地获取流量并将其进行有效转化，也成为众多企业构建全渠道模式的目标。在企业通过直播和短视频等网络营销方式获取到巨大的流量后，如何对流量进行有效管理，完成流量沉淀成为很多全渠道企业亟待解决的问题。因此，大多数企业选择推出会员制度以维系客户关系，进而培养消费者对品牌和购物渠道的忠诚度。全渠道零售模式的兴起促使越来越多的企业开始将其所有渠道的用户资产和数据进行整合，包括会员信息、商品信息、交易信息、评价信息等，然后实现全渠道的会员数字化，从而对消费者进行精准营销并提供无差别的会员权益和购物体验。截至目前，共有30多个品牌相继打造全渠道会员计划。

与此同时，当消费者选择在线上渠道购物时，由于无法即时地感知到产品质量，极容易出现所收到的产品与消费者需求不匹配的问题。因此，消费者退货也成为全渠道企业运营过程中需要重视的一大问题。随着全渠道零售模式的不断推广，企业为消费者提供的同渠道退货模式不再能够满足消费者的购物需求。因此，线上购物线下退货的全渠道退货模式受到了越来越多企业以及消费者的青睐。例如，知名服装品牌，它们为线上购物的消费者提供了门店退货的服务，即当消费者发现所收到的产品与自身需求不匹配时，企业允许消费者直接前往该品牌的线下店进行退货。但是，这一退货方式会对企业原本提供的退货策略产生冲击，进而影响到渠道成员的定价决策以及收益。

如上所述，移动互联网的快速发展改变了消费者的购物行为，为制造商提供了发展全渠道的良好机遇，但也带来了一系列挑战。全渠道最突出的问题是传统电商渠道、实体渠道、移动电商渠道等不同渠道主体之间的利益协调。在全渠道零售背景下，存在两种较为主流的运营模式，即线上订购线下提货和线上订购线下发货。在这两种模式下，线上渠道与线下渠道有机结合，充分考虑到消费者的购物时间、地点、渠道偏好等个性化因素，为消费者提供了较好的购物体验，但是也对渠道成员的资源整合和收益分配提出了更高的要求。由于移动电商的个性化、移动化、社交化的特点，在物联网、人工智能、大数据、云计算等技术支撑下，更能刻画特定品牌消费者在不同渠道间的迁移行为，有助于制造商建立合理的协同机制实现全渠道内不同主体的利益分配，促进全渠道有效运行。作为知名的制造商企业，格力的全渠道是一个非常典型案例，它拥有线下实体专卖店，也在天猫等三大电商平台上拥有品牌旗舰店，同时还有自建的网上商城和移动商城，始终掌握着渠道控制权，并成为全渠道销售稳居第一的品牌。

当前全渠道营销的实务与理论研究主要集中在零售商层面，其结果必然有助于零售商进一步扩大其市场占有率，强化其市场竞争地位，但由此会带来许多不利于产业发展的显著问题：①强化了零售商在渠道中的话语权，进而对制造商产生挤压，不利于制造商提升其品牌竞争力；②零售商主要聚焦在扩大整体销售量上，而不是聚焦在特定品牌上，甚至会以牺牲某个特定品牌为代价，推动整体销售的增长，这明显不利于特定制造商品牌的发展；③中国在从制造业大国走向制造业强国的过程中，需要有大量品牌在市场脱颖而出，形成多种品牌分层良性竞争的局面，而在以零售商为主导的市场结构中，零售商掌握核心的定价权、市场推广权，制造商品牌很难走出价格竞争的陷阱，从而很难保证足够的利润以促进研发投入和品牌塑造；④零售商在占有强势市场地位时，通过竞争降低产品零售价格，短期内可以给消费者带来直接的成本效益，但由于大多数品牌缺乏足够的利润保证，其结果必然是假冒伪劣、品质低下的产品充斥市场，消费者很难买到高品质的产品，最终损害了消费者利益。

因此，从制造商视角探讨全渠道的营销问题也对传统的供应链运营提出了更高的要求，促使不同渠道主体成员做出改变。然而，学术界对于制造商视角下的全渠道运营的研究成果相对较少。本书正是在这种形势下开展的研究，试图在某些细节上对全渠道环境下的某些现象给出合理的理论解释，同时为全渠道模式下制造商的实践提供更多的理论指导。本书的出发点是探索全渠道运行的内在逻辑以及关键影响因素，然而考虑到全渠道研究是个宏大的命题，本书将适当缩小研究范围，在移动互联网的背景下，从制造商的视角探讨全渠道运营问题，为全渠道的定价理论和协调机制理论提供能为实践所用的见地。具体来说，本书将尝试解答以下几个问题：①在全渠道模式下，消费者可以随时更换其购物渠道，渠道原本的会员制度必将会受到挑战。在全渠道会员模式下，即线上渠道与线下渠道会员权益共享，渠道成员应如何调整其定价策略？②在面对消费者退货时，全渠道模式下制造商应如何整合渠道资源为消费者提供合适的退货渠道策略；在相应策略下，渠道成员如何做出最优的价格决策？③全渠道模式下的制造商应如何制订有效的订单实现策略？其次，线上订购线下提货（BOPS）模式会对渠道成员的服务决策产生何种影响？当引入BOPS会导致渠道冲突时，渠道成员之间如何协调？④当引入全渠道零售的另一种主流模式时，即线上订购线下发货，渠道成员之间是否会存在利益冲突？针对这一冲突，渠道成员们又应制订怎样的协调策略？本书将以全渠道模式下的制造商为研究对象，围绕全渠道模式下消费者的行为变化，主要关注渠道成员的定价决策以及渠道协调等相关决策，并针对上述问题进行解答。

1.1.2 研究意义

根据上述研究背景的阐述可知，随着数字化零售时代的来临，消费者的购物行为也发生了翻天覆地的变化,全渠道零售已经成为零售发展的趋势。目前关于全渠道模式下制造商的策略研究相对较少,相关的定价理论和渠道理论亟待拓展,本书以制造商构建全渠道模式为切入点,对制造商的定价和渠道协调问题展开深入研究,具有较强的理论意义和现实意义,主要体现在以下几个方面。

1. 理论意义

第一,本书拓展和延伸了全渠道定价方面的相关理论。在全渠道环境下,从制造商角度研究渠道成员的定价策略,将有效地拓展和延伸定价理论。本书将从消费者一致性品牌体验视角出发,考虑了会员体系下消费者的复购行为,研究了全渠道模式下考虑会员权益的制造商定价策略;同时,考虑到制造商的退货策略与消费者退货行为之间的内在联系,本书也探讨了全渠道模式下考虑退货运费险的制造商定价策略。

第二,本书进一步丰富了全渠道服务方面的理论研究。本书以全渠道模式下的制造商为研究对象,基于消费者的购物行为,提出全渠道模式下考虑在线上订购线下提货的制造商服务决策与渠道整合策略。全渠道零售旨在为消费者带来无缝衔接的购物体验,渠道的服务因素也会对全渠道零售运作产生显著影响。之前关于制造商的服务策略研究较少考虑全渠道模式,但服务是影响全渠道零售的关键因素,因此在全渠道模式下研究制造商如何合理配置资源并制订最优的服务决策,能进一步丰富全渠道服务策略方面的研究。

第三,本书延伸和发展了渠道协调理论。移动互联网和智能技术的发展能有效帮助制造商采集消费者在不同渠道迁移的数据,使得评价不同渠道在消费者购买决策过程中所发挥的作用有了更科学的决策支持,制造商可以通过二次利益分配的规则,真正实现全渠道协同。本书将以各渠道创造的客户价值为基础,建立不同利益在渠道成员间合理分配的协同机制,它不仅涉及各渠道终端之间的水平协调,也同时涉及制造商和独立零售终端之间的垂直协调,该研究将进一步丰富渠道协调理论。

2. 现实意义

学者们对于全渠道的研究已拉开帷幕,业界对于新零售的摸索也热情高涨,然而对于从制造商视角下的全渠道营销的探索却进展缓慢,直接体现在相关的理论尚未规范和成为体系,很难用于指导实践。本书考虑在传统制造商向全渠道转型的市场发展背景下,将借鉴传统渠道理论已有成果,积极调查和分析行业现象,力图在以下几方面释放其实践价值:

第一,本书能够为制造商实现全渠道营销的定价决策提供指导。数字化零售时代的来临,消费者的购物行为也发生了巨大变化,全渠道背景下的购物体验不仅要符合消费者的行为模式,更应该满足消费者个性化需求。本书结合消费者在面对全渠道会员和全渠道退货这一系列问题时的购买行为,通过建立相应的效用选择模型,为全渠道模式下制造商的定价问题提供决策依据。

第二,全渠道零售背景下,消费者的购物渠道选择问题变得更加复杂。对于全渠道模式下的制造商而言,如何整合线上线下渠道的独特优势,为消费者提供无缝衔接的购物体验成了制造商亟待解决的问题。本书围绕消费者效用最大化,考虑全渠道模式下制造商是否推出线上购物线下取货模式,为全渠道模式下制造商的渠道整合策略提供支撑。

第三,本书能够有效地解决全渠道制造商视角下的渠道冲突问题。当制造商构建全渠道模式时,不仅会存在制造商与渠道成员间的垂直冲突,也会存在多种渠道之间的水平潜在冲突,渠道冲突不仅体现在价格,也会体现在产品的渠道配置、服务、库存等多方面。因此,需要设计合理机制来协调全渠道中复杂的渠道冲突,针对线上订购线下提货以及线上订购线下发货这两大运营模式下制造商供应链的渠道协调问题,本书提供了一定的指导意义。

1.2 研究内容与目标

1.2.1 研究内容

本书在梳理和评价制造商企业的渠道策略、全渠道定价策略、全渠道服务策略、全渠道整合策略,以及全渠道协调策略等相关文献的基础上,从制造商的角度出发,对全渠道模式下制造商的定价和渠道协调策略展开研究。本书具体的研究内容由以下七个章节组成:

第一章为绪论。本章主要介绍了制造商在全渠道零售模式下的实践背景和所遇到的现实问题,从而梳理了本书的主要意义;然后根据上述研究背景和意义进一步确定了本书的研究内容和目标。最后,阐述了本书的主要创新点。

第二章为国内外研究现状。本章主要回顾了国内外关于全渠道定价策略、全渠道服务策略、全渠道整合策略以及渠道协调机制等方面的研究,分析了已有研究的结论并对其进行评述。此外,本章将已有研究与本书进行对比分析,进而阐述了本书研究的贡献。

第三章为全渠道模式下考虑会员权益的制造商定价策略研究。在全渠道背景下,消费者的跨渠道购买行为愈发频繁,也为渠道成员在会员体系的管理上增添了难度。在此基础上,很多企业开始推出全渠道会员,即消费者可以同时在企业的多个购物渠道享受到相同的会员权益。当企业推出全渠道会员,即线上线下渠道会员体系共享时,是会更加鼓励消费者的跨渠道购买行为,还是会对增加消费者对某特定渠道的忠诚度,这些都是全渠道模式下制造商在引进全渠道会员体系时需要考虑的。因此,本章将主要分析制造商在引入全渠道会员前后对其自身和其他渠道成员的定价决策和收益的影响，从而为渠道成员们提供可行的定价策略。

第四章为全渠道模式下考虑退货运费险的制造商定价策略研究。为了尽可能降低消费者因退货造成的损失，部分线上制造商开始提供退货运费险；但是企业也需要承担相应的保险费用。在全渠道零售模式下，越来越多的企业通过实施全渠道退货策略来解决消费者退货问题，即允许消费者线上购买线下退货。这种方式能够吸引更多的消费者购买产品，但是可能会导致部分原本选择在线上退货的消费者转向选择线下渠道。这不仅会导致企业所提供的退货运费险失效，造成资源浪费，也会增加额外的线下退货成本。因此，如何去权衡这两种退货策略的利弊并选择最优的退货策略，成了全渠道模式下制造商亟须解决的问题。本章将主要探讨退货运费险和全渠道退货策略之间的内在联系，并进一步得出全渠道模式下制造商的定价策略。

第五章为全渠道模式下考虑线下提货的制造商供应链渠道协调策略研究。当制造商进行线上线下渠道整合时，必然会影响消费者的购买行为。在全渠道模式下，消费者可以在渠道间自由迁移，享受线上渠道带来便利的同时，也可以兼顾线下渠道对于降低产品不确定性风险的优势。针对不同购物渠道所提供的服务，消费者会根据自身效用最大化，选择不同的购物方式以满足需求。因此，如何制订一个有效的订单实现策略以及渠道协调策略就成为制造商在建设全渠道过程中迫切需要解决的问题。本章将从体验价值的视角来刻画消费者在不同渠道感知到的效用函数，分别区分选择线上渠道购买、线下渠道购买和跨渠道购买的消费者群体。根据消费者规模的变化来配置各渠道的服务水平。其次，通过对比引入线上订购线下提货模式前后渠道成员的服务决策以及收益，分析该模式对渠道成员的影响；然后，针对存在渠道冲突的区域，设计有效合理的协调契约，从而为制造商提供具体可行的渠道整合策略。

第六章为全渠道模式下考虑线下发货的制造商供应链渠道协调策略研究。当消费者在不同渠道间迁移，且渠道成员通过多渠道履行订单时，不仅会存在制造商与渠道成员间的垂直冲突，也会存在多种渠道之间的水平潜在冲突。制造商如何协调多种渠道关系以避免冲突，同时激励各种渠道完成各自职能以便为消费者提供一致性品牌体验，这是制造商在构建全渠道时必然要面对的问题。因此，本章以由拥有线上渠道的制造商和传统零售商组成的供应链系统为研究对象，探讨了在线上订购线下发货模式下供应链成员在分散式决策和集中式决策下的最优决策；其次，分析上述决策模式对供应链成员决策和收益的影响。基于上述分析，针对渠道成员之间存在的冲突，本章将通过设计两部定价协调契约，使得在保证供应链总体收益增加的基础上，确保各渠道成员的收益也都能增加。

第七章为结论与展望。本章对全文进行了总结，并对未来研究进行了展望。

1.2.2　研究目标

为了更好地适应全渠道零售变革，不管是制造商还是零售商都有必要洞察全渠道零售模式对传统销售方式的影响，并将其纳入渠道管理的重点关注范围。围绕全渠道所强调的为消费者提供全场景无缝式购物体验的核心本质，以此来了解在全渠道环境下制造商的决策依据是什么；进一步地，针对制造商如何在全渠道模式下制订最佳的定价策略，以及如何解决全渠道模式下的渠道冲突等核心议题，本书将对全渠道模式下制造商的决策进行建模，进而为全渠道模式下制造商的定价和渠道协调策略提供一定的理论支撑。本书的主要研究目标如下所示：

（1）针对企业为消费者提供的会员权益以及该权益对消费者再购买行为的影响，本书将主要研究全渠道模式下考虑会员体系共享的制造商定价策略问题。具体来说，主要是分析制造商是否应该打通线上线下渠道的会员体系？当制造商建立全渠道会员体系后，其他渠道成员的定价决策和收益会如何变化？进一步地，从整体收益最大化角度出发，全渠道模式下考虑会员权益的制造商最优策略是什么？因此，本书基于消费者的购买行为构建了两周期模型；考察消费者对线上渠道的接受程度以及会员权益对消费者和企业决策的影响，为全渠道模式下制造商的会员制度的管理以及定价决策等提供一定的决策依据。

（2）尽管目前关于消费者退货的研究较为丰富，但是基于全渠道模式下退货策略研究相对较少；进一步地，考虑退货运费险的全渠道模式下制造商的定价策略研究更是匮乏。面对全渠道退货与退货运费险两者之间的冲突，即全渠道退货鼓励消费者跨渠道退货，而退货运费险则鼓励消费者同渠道退货，制造商如何权衡这两种策略之间的利弊，做出最优的定价决策和退货策略？其次，实施全渠道退货策略是否比提供退货运费险能更有效地解决消费者退货问题？正是出于上述的研究目标，本书拟通过分析全渠道退货和退货运费险对消费者购买决策影响，进而得出考虑退货运费险的全渠道模式下制造商的最优定价决策，为制造商在解决消费者退货问题方面提供相应的理论支撑。

（3）针对全渠道供应链的协调问题，本书将主要关注在全渠道的主流模式之一，即线上订购线下取货模式，制造商应如何制订最优的服务决策？进而探讨该模式对渠道成员服务决策以及收益的影响；进一步地，当渠道成员在这一订单实现策略下出现冲突时，如何制订有效的渠道协调机制？为了解决上述问题，需要对消费者在制造商引入线上订购线下取货模式的效用模型进行刻画，确定在该模式下对渠道成员的服务决策和收益的影响。其次，针对渠道成员的冲突区域，设计合理有效的协调机制。上述研究试图为全渠道模式下制造商的服务决策和渠道协调方面提供一定的决策依据。

（4）针对全渠道供应链的协调问题，本书将关注全渠道的另一主流模式，即全渠道模式下考虑线上订购线下发货的制造商供应链渠道协调问题。虽然目前关于渠道协调的研究较为广泛且成熟，但是对全渠道模式下的渠道协调研究相对较少；其次，在线上订购线下发货模式下，消费者的购买行为会受到怎样的影响？针对全渠道模式下的渠道冲突，渠道成员应设置怎样的协调契约进行协调？这些问题仍处于初步研究的阶段。因此，本书将关注考虑线上订购线下发货的全渠道模式，针对渠道成员之间的冲突，为制造商设计出合理有效的协调契约，以保证实现供应链整体收益最大化的同时，也能保证渠道成员的帕累托改进，为全渠道模式下供应链的渠道协调问题提供一定的理论依据。

1.3 本书创新点

随着互联网技术的蓬勃发展，越来越多的制造商企业开通了线上线下渠道，为消费者提供多种购物选择，也加剧了渠道成员之间的冲突。在全渠道零售背景下，制造商们开始寻求线上渠道与线下渠道有机融合的可能性，以期在为消费者提供无缝的购物体验的同时，也能整合渠道资源进而实现渠道成员收益的增长。本书针对全渠道模式下制造商的定价与渠道协调策略等相关问题展开了研究，且本书的创新点主要体现在以下三个方面：

（1）本书基于消费者的再购买行为和退货行为，探讨了考虑会员权益和退货运费险的全渠道模式下制造商的定价策略，进一步丰富了全渠道模式下的定价研究。以往关于全渠道模式下渠道成员的定价研究考虑了产品种类、服务、退货等一系列因素，但是较少有学者关注到全渠道背景下消费者的跨渠道购买行为对企业会员制度的冲击。本书针对上述问题探讨了全渠道模式下制造商的定价策略,进一步延伸了全渠道的定价研究。

（2）本书考虑到全渠道模式下消费者的跨渠道购买行为,探讨了全渠道制造商的服务决策问题,对全渠道企业的服务决策实践起到很重要的作用。全渠道环境是服务驱动的,以顾客的感知体验为核心,借助新的技术手段使得顾客在碎片化的购物历程当中保持体验的一致性;从这个角度来说,全渠道的竞争也是服务的竞争。然而,已有文献较少关注到全渠道背景下企业的服务决策问题,而本书考虑的全渠道服务的特有属性和消费者的购物需求,有助于全渠道企业做出更精准的服务决策。

（3）本书从制造商的角度出发,关注了全渠道模式下的供应链协调问题,一定程度上拓展了渠道协调方面的研究。以往文献大多从零售商的视角切入进行定价策略优化,且大多关注的是基于价格决策上进行的渠道协调。本书首先基于全渠道成员的服务决策,研究了全渠道模式下考虑线上订购线下提货的制造商供应链渠道协调策略;其次,本书从制造商视角切入,即定价策略以制造商为主体,研究了全渠道模式下考虑线上订购线下发货的制造商协调机制。上述研究有助于在现实层面上帮助全渠道企业实现协调优化。

第二章 国内外研究现状

与本书相关的研究主要包括以下四个方面：(1) 全渠道定价策略研究；(2) 全渠道服务策略研究；(3) 全渠道整合策略研究；(4) 渠道协调机制研究。本章首先从这四个方面综述相关文献；其次，在相应小节指出本书研究与已有文献的不同之处；最后是对上述四类文献的综合评述。

2.1 全渠道定价策略研究

当制造商通过整合线上渠道和线下渠道实现全渠道零售时，消费者的跨渠道购买行为也会愈发频繁。因此，全渠道零售背景下的消费者行为会如何影响企业的定价决策成了全渠道零售研究中的重要组成部分。其次，企业应如何在全渠道零售模式下制订合理的产品批发和零售价，既能尽可能减少渠道竞争，也要实现利益最大化，这些都是渠道成员亟待解决的问题。因此，本书将全渠道定价策略的相关研究划分为两个方面：以消费者为驱动主体的定价策略研究和以企业全局优化为视角的渠道定价策略。本节将围绕上述两个方面对全渠道定价策略研究进行综述。

以消费者为驱动主体的定价策略研究中，较少将实现最佳的客户体验这一目标作为制订价格策略的关键因素。刘金荣等[1]针对"线下体验线上购买"的新兴全渠道商业运作模式，对比分析固定销售价格和优化定价两种情形下线下展厅对定价、市场需求、利润和退货率的影响。Sun等[2]考虑产品官方价格对消费者购买决策的影响，以双渠道供应链为研究对象，研究了在不同定价时序下供应链成员的定价决策。Kong等[3]探讨了在不同定价策略下，线上订购线下提货（BOPS，buy online and pick up in store）的购物方式对渠道成员定价以及收益的影响。结果表明当BOPS渠道的运营成本越低时，若渠道成员采用统一定价策略，BOPS渠道的存在对零售商也会越有利。Chenavaz等[4]考虑参考价格效应对消费者的影响以及最后一公里配送成本对线上渠道的影响，研究了在全渠道零售背景下的动态定价策略。Li[5]以由单制造商和单零售商组成的供应链为研究对象，探讨了基于消费者行为定价策略对企业定价决策、收益以及消费者的影响。研究表明当仅零售商采取行为定价策略时，供应链整体收益会受损；但是当制造商和零售商均采用该定价策略时，对供应链整体收益的增长是有利的。郎骁和邵晓峰[6]考虑了不同的消费者导向类型，即产品导向型和渠道导向型，对电商的全渠道决策的影响，并进一步得出了渠道成员最优的产品组合、价格以及产品交付时间决策。王倩等[7]关注到双渠道供应链中的展厅现象，并提出了一致性定价和限价策略以消除展厅现象。结果表明一致性定价策略能够缓解渠道之间的竞争，并对零售商有利；但仅当传统渠道和线上渠道的价格差较小时，限价策略才能够起到缓解竞争的作用。Wu等[8]考虑了制造商的批发价决策、消费者对渠道的感知差异以及策略性等待行为，为全渠道零售商提出了随机定价策略，即零售商在线上渠道以一定概率提供折扣价格以区分消费者。结果表明在该随机定价策略下，制造商和零售商均能受益。Li等[9]探讨了三种全渠道零售模式下，即线上购买线下提货、线下展厅以及两者结合，零售商的优惠券发放策略。结果表明在线下展厅模式下，零售商会制订最高的努力水平和优惠券面额，但是收益是最低的；在 BOPS 模式下零售商会制订相对较低的努力水平和优惠券面额，但是收益会达到最高。

  此外，现有的全渠道或多渠道的优化定价研究中较少从品牌制造商的视角切入。刘平峰等[10]运用演化博弈理论对渠道协同定价策略进行稳定性分析，并表明通过建立企业零售渠道间协同定价联盟、合理分配零售渠道服务资源以及加强渠道间互动沟通等方面能够促进渠道协同定价决策。Zhou 等[11]考虑一个由制造商和双渠道零售商组成的供应链结构，并探讨了在信息不对称情况下供应链成员的定价问题。Hou 等[12]研究了在垂直差异化市场中，引入线上订购线下提货渠道对渠道成员的产品质量水平以及定价策略的影响。研究表明当引入线上订购线下提货渠道时，若消费者的线上购物成本较小，线下购物成本适中时，制造商应该提高产品质量水平和产品批发价，而零售商应该抬高产品零售价。Niu 等[13]主要关注了统一定价策略和 O2O 渠道对企业定价策略的影响。他们发现当线上渠道的物流成本较低时，统一定价策略能够使得线上渠道的需求量减少，但是产品零售价会增加。Harsha 等[14]观察到在全渠道零售背景下消费者可以在线上消费线下提货，由此考虑到线上渠道与线下渠道的需求与供应问题；并以此为基础，研究了渠道成员的动态定价策略以及库存分配问题。胡启帆和徐兵[15]分别研究了在分散式决策和集中式决策模式下线上线下渠道分别定价和统一定价策略的供应链成员定价和服务策略。周雄伟等[16]主要关注同时拥有线下渠道和 O2O 渠道的服务商，研究了不同分配机制下的服务商定价和服务能力分配策略。研究表明在加权平均分配机制下，扩充企业的服务能力不一定能够让企业收益增加。胡娇等[17]基于消费者的渠道偏好，研究了在不同渠道组合（纯线上、纯线下、BOPS 渠道）下供应链成员的广告合作和定价决策。结果表明在纯线下、线上以及 BOPS 渠道均存在的情况下，若

BOPS渠道佣金越高，制造商和零售商均会抬高产品售价。李宗活等[18]研究了在全渠道环境下制造商品牌垄断和零售商自有品牌的优惠券促销策略，并发现在制造商品牌垄断情况下，若产品批发价和单位补偿越高，零售商会提供更大面额的优惠券。

  部分学者则主要从零售商的角度出发，探讨双渠道或者多渠道供应链的定价问题。牛志勇等[19]基于消费者的价格公平偏好，研究了多渠道零售商是否采取线上线下同价的策略选择问题。结果表明当消费者具有较强的公平偏好且对线上渠道接受度较高时，线上线下同价策略是最优策略；当消费者对线上渠道接受度较低时，零售商的价格策略不受消费者公平偏好的影响，且差别定价策略是最优的。黄鹤等[20]考虑由制造商和拥有线下渠道的线上零售商组成的供应链系统，研究了"线下体验线上购买"模式下线上零售商的定价与企业社会责任（CSR，corporate social responsibility）投入策略。结果表明CSR投入会使得部分消费者出现渠道迁移行为，进而导致产品需求降低，产品价格会上涨；其次，线上零售商投入CSR策略会给制造商带来负外部性，从而促使其降低产品批发价。孙红霞等[21]以一个制造商、一个传统零售商和一个双渠道零售商组成的供应链为研究对象，研究了传统零售商和双渠道零售商的定价策略问题。结果表明对于零售商而言，当其作为领导者时能够获得更高的收益；对于供应商而言，当传统零售商作为领导者时，其能获得更高的收益。Radhi和Zhang[22]以双渠道零售商为研究对象，考虑消费者的跨渠道退货行为，研究了在消费者通过同渠道或者跨渠道退货均能获得相同的退货补偿情景下，零售商在分散式决策和集中式决策模式下的定价决策。结果表明当具有较高的消费者偏好的渠道面临较严重的退货问题时，集中式决策下零售商能获得更高的收益。

  本书第三章和第四章的研究内容与以上文献的不同之处在于，上述所有文献都针对消费者的某个购物行为或者全渠道模式下的渠道竞争进行分析，进而提出企业应据此调整定价与运营策略。本书立足当前全渠道的实践与研究的发展趋势，从提升消费者体验的角度出发，研究全渠道模式下制造商的定价策略。本书第三章和第四章分别考虑了在全渠道模式下，消费者购买过程中存在的跨渠道再购买和跨渠道退货行为，并进一步讨论引入会员共享和全渠道退货对全渠道模式下渠道成员的定价决策的影响。

2.2 全渠道服务策略研究

在全渠道零售的背景下，消费者更加容易更改自己的购买决策，也使得消费者对购物过程中所体验到的服务更加敏感。因此，服务因素在消费者做购买决策时所占的地位也愈发重要。制造商企业如何在为消费者提供最佳的服务从而提升渠道优势的同时，也能实现收益最大化，成为学者研究关注的重点。全渠道服务策略的相关研究主要涉及两个方面：首先是在消费者购买产品前享受到的服务，例如实体店为消费者提供免费体验以及店员专业推荐等售前服务；其次是在消费者发生退货问题时，渠道成员为消费者提供的退货服务等。

在售前服务的相关研究方面，Yang 等[23]研究了在竞争市场环境下制造商的服务投资策略，并发现在差异化的服务策略下，接收到较低的服务水平的零售商可能比接收到较高的服务水平的零售商获得更高的收益。Zhou 等[24]探讨了在差异化和统一化定价策略下，制造商的搭便车行为对零售商的服务策略以及定价决策的影响。结果表明服务成本共享契约能够促使零售商有动力去提高服务水平。Xue 等[25]通过构建模型来分析零售服务的溢出效应对供应链成员决策时序的影响。Pi 等[26]以由单个制造商和两个竞争零售商组成的供应链为研究对象，分析了在考虑需求中断情景下的零售商的定价和服务策略。结果表明当其中一个零售商出现需求中断时，对其竞争对手而言总是有利的。Guan 等[27]则以两条竞争供应链为研究对象，探讨了制造商的需求信息共享策略与制造商的服务策略之间的内在联系。他们发现当制造商在投资售后服务方面的效率越高时，零售商越愿意共享其需求信息。Ingene 等[28]研究了转售价格维持（RPM，resale price maintenance）对零售商服务决策的影响，并发现是否采用 RPM 主要取决于零售商的服务效率和服务效率差异。Jiang 等[29]主要关注实体店的线上订购线下提货（BOPS）渠道，并探讨了零售商的服务策略与制造商的渠道策略之间的联系。结果表明零售商的服务价值对渠道成员的定价策略有很大的影响，且提供 BOPS 渠道是提高供应链成员收益的有效途径。Liu 等[30]考虑在全渠道零售环境下，基于制造商是否引入线上渠道，零售商是否投资线下渠道的服务，构建了四种情景，通过比较分析得出了渠道成员的最优策略。结果表明无论在何种渠道结构下，引入展厅对所有渠道成员而言总是有利的。Fisher 等[31]研究了在线渠道中提升产品的交付速度是如何影响全渠道零售中渠道内和跨渠道的销售。他们通过实证方法发现，当在线渠道的配送时间每缩短一个工作日，线上渠道的销量就会增加 1.45%，而且线上渠道的销售对线下渠道的销售具有积极的溢出效应。

其次是关于退货部分的服务研究。一方面，部分学者以单渠道或双渠道供应链为研究对象，对消费者的退货问题展开了研究。Giovanni 和 Zaccour[32]通过结合退货类型和定价政策，构建了一个两周期模型，其中制造商投资于质量改进并设定产品价格随时间推移。结果表明当消费者被动地退回旧产品时，制造商应通过提升产品质量重新定价；当消费者退货感知对质量改进和价格敏感时，制造商可以根据质量对退货的影响设置恒定或更新的定价政策。张学龙等[33]针对事前不确定性导致的退货问题，建立考虑定价差异和退货风险双重因素的市场需求函数，考虑了四种不同市场需求情形，基于此探讨了在不同定价模式下供应链成员的最优决策。Hu 等[34]为了研究产品收益的影响，指导卖方调整定价政策，通过增强经典垄断者的动态定价框架，建立了产品收益模型。结果表明忽视退货因素会导致定价过高，并且在需求和产品退货速度较快且初始库存适中时，这会造成重大的收入损失。Li 等[35]研究了零售商面临客户退货时销售两种品牌的产品，即自有品牌（SB，store brand）和知名品牌（NB，national brand），并依据产品质量上存在的差异探讨了这两个品牌的退货政策，并进一步分析该政策与品牌竞争之间的内在影响。他们发现退款保证（MGB，money back guarantee）策略可以缓解这两个品牌之间的价格竞争，且零售商的收益会增加。刘健等[36]研究了三种不同退货方式下（即原购买渠道退回、全部线上退回、全部线下退回）对渠道成员定价决策和收益的影响。结果表明当消费者和企业的线上退货损失之和小于（大于）线下时，选择全部线上（线下）退回能够使得零售商获得更高的利润。

  另一方面，也有很多学者对针对全渠道环境下的消费者退货问题进行了深入探讨。Xu 和 Jackson[37]运用实证模型分析了在全渠道零售环境下，影响消费者退货渠道选择的因素，并发现感知风险、购买-退货渠道一致性、金钱成本和麻烦成本是影响客户的退货渠道忠诚度的重要因素。陈飔佳和官振中[38]考虑了在消费者对产品估值不确定且存在消费者失望厌恶行为情形下，全渠道零售商的退货决策。结果表明只有当消费者的失望厌恶程度较高时，零售商才会提高全渠道退货策略。刘金荣等[39]考虑网络退货和渠道成本，分析了 BOPS 模式对品牌商需求分布和盈利能力的影响。Li 等[40]研究了在随机需求情形下，全渠道企业引入"线上订购线下退货"模式后的定价与库存策略。结果表明引入 BORS 模式可能会导致产品的价格下降，最优的产品库存量也会减少，但是该企业的收益会增加。Jin 等[41]研究了竞争零售商采用"线上订购线下退货"模式的最优策略。他们发现当两个零售商的差异化程度增加且他们通过线下渠道回收产品的残值大于通过线上渠道回收时，仅一个零售商或者两个零售商均引入 BORP 模式是最优策略。Jin 和 Huang[42]关注到网络零售商与第三方线下实体店合作并推出线上订购线下退货服务，通过研究发现仅当消费者的在线退货成本较高，且竞争网络零售商之间的差异化较大时，零售商才会提供线上订购线下退货服务。Huang 和 Jin[43]则以竞争供应链为研究对象，探讨了零售商们的线上订购线下退货（BORS）的采用策略。结果表明在垄断的市场环境下，零售商有可能会拒绝该策略；在竞争的市场环境下，零售商更倾向于采用该策略。

本书第四章和第五章的研究内容与上述文献的不同之处体现在两个方面。第一，以往文献在研究渠道成员的退货渠道决策时，较少关注到在全渠道零售环境下渠道成员的退货渠道策略选择问题；进一步地，少有文献关注到退货运费险与全渠道退货策略之间的内在联系。本书第四章则考虑了全渠道模式下的消费者退货行为，研究了制造商如何制订最优的退货渠道以及定价策略。第二，以往文献在研究渠道成员的服务策略时，仅关注到渠道竞争对企业的服务策略的影响，本书第五章则考虑了当全渠道模式下的制造商引入"线上订购线下提货"渠道时，消费者的跨渠道购买行为对渠道成员的服务决策和收益的影响。

2.3 全渠道整合策略研究

全渠道零售的快速发展使得越来越多的学者致力于研究能够有效地整合线上线下渠道的切实可行的方法[44-46]。本书将主要围绕全渠道零售的一些主流模式，例如，"线上订购线下提货（BOPS）""线上订购线下发货（SFS）""线上订购线下退货（BORS）"，以及其他相关整合策略的研究进行综述。

"线上购买线下提货（BOPS）"策略，作为全渠道零售运营中被广泛采用的跨渠道销售策略，并得到了大量学者的关注和讨论。部分学者侧重于研究 BOPS 策略在实体店零售过程中后端操作问题，主要包括设计最佳的服务区域以最大化 BOPS 策略的效率，以及在实体商店中与 BOPS 有关的拣选操作的研究[47-48]。Jin 等[49]考虑了全渠道零售的定价问题以及关于 BOPS 策略下的拣货区域的设计。结果表明单位库存成本与 BOPS 顾客到达店率的比率是决定 BOPS 服务区域大小的关键因素。Maccarthy 等[50]探讨了 BOPS 策略下的取货操作，并定义了履行 BOPS 订单的最佳操作领域。Glaeser 等[51]关注了采用 BOPS 策略的在线零售商的时空位置问题，并结合人口、经济、商业位置和其他运营数据，通过机器学习来预测潜在地点的需求。Saha 和 Bhattacharya[52]关注到当实体店提供 BOPS 服务后，可能会与其门店订单产生冲突，从而使得实体店的库存管理变得更加复杂。因此，他们提出两种改进的库存策略，使得实体店能够始终保持最优的库存水平。

与此同时，越来越多的制造商和零售商开始在实际销售过程中引进基于 BOPS 的跨渠道销售策略。因此大量的学者通过运用博弈论理论，探讨该策略对渠道成员决策和收益的影响。孔瑞晓等[53]针对全渠道模式下实施"线上购物，线下取货"的供应链的结构问题进行研究，进而探讨分析"线上购物，线下取货"的实施对零售商价格、需求和收益的影响。范辰等[54]分析了引入"线上下单，线下取货"的 BOPS 模式下，供应链主体的定价与服务合作决策，并发现在零售商主导的结构下，单位补偿契约可以实现合理的利润分配，且向上销售产品的批发价格将不会影响 BOPS 渠道的产品价格、服务决策和最优利润。刘咏梅等[55]通过研究发现，双渠道供应链是否引入 BOPS 渠道主要取决于市场中传统型消费者占比规模以及消费者对线下服务的敏感程度。张琴义等[56]则指出当消费者对服务的敏感性较高时，企业应该引进 BOPS 模式。Gallino 和 Moreno[57] 探讨了 BOPS 对零售商的线上渠道和线下渠道销量的影响。Herhausen 等[58] 研究了线上线下渠道整合对渠道、零售商和客户的影响。Gao 和 Su[59] 研究了在集中式决策下 BOPS 对渠道总利润的影响。Kim 等[60] 采用基于场景的因素调查方法，研究了影响顾客选择 BOPS 服务意愿的因素。Shi 等[61] 针对既有知情消费者又有不知情消费者存在的市场环境，考虑了预订和退货同时存在情形下零售商的 BOPS 渠道整合策略。刘咏梅等[62] 从线下零售商服务成本差异化的角度出发，研究了在 BOPS 产品单位补偿和 BOPS 销量计入线下渠道补偿这两种情形下 BOPS 线上线下渠道的整合问题。范辰等[63] 考虑了双渠道价格竞争、消费者渠道购买行为，以及消费者选择 BOPS 渠道时产生的额外消费程度，研究了具有双渠道的商家是否应进行 BOPS 渠道整合的问题。研究表明额外消费程度的提升在实行和不实行 BOPS 模式的情形下对系统总收益均有利，且在实行 BOPS 的情形下优势更明显。赵菊等[64] 关注到产品不匹配问题，探讨了考虑引入线上订购线下取货模式的双渠道零售商的渠道策略问题。结果表明引入 BOPS 策略对零售商可能不利，且仅当产品匹配度较高且引入 BOPS 策略的运营成本较低时，线上渠道和线下渠道才会引入该策略；进一步地，通过对比全渠道 BOPS 策略可以发现，全渠道 BOPS 策略比双渠道 BOPS 策略更优。

其次，也有部分研究关注到全渠道零售下"线上订购线下发货（SFS）"和"线上订购线下退货（BORS）"等相关运营策略。He 等[65] 探讨了在网络零售商与平台零售商的竞争市场中，网络零售商的入侵策略以及实施线上订购线下发货（SFS）模式的运营策略，并进一步分析了消费者异质性（物流等待时间的敏感性和运输成本）对零售商的全渠道运营策略的影响。Yang 和 Zhang[66] 研究了 SFS 模式对报童模型下的全渠道零售商的影响，并发现当 SFS 模式对拓展消费者市场发挥的作用不显著时，引入 SFS 模式对零售商是不利的。Yang 和 Zhang[67]研究了线上订购线下发货（STS，ship to store）模式对快时尚运营的影响，并构建了多渠道零售、快速响应（QR，quick response）的多渠道零售、STS 的全渠道零售以及 STS 模式和 QR 共存的全渠道零售四种场景。结果表明虽然 STS 模式在大多数情形下对企业有利，但当 STS 模式导致的库存信息披露会抑制交叉销售时，QR 策略下的 STS 模式会降低零售商的利润。Ertekin 等[68]分析了线上订购线下发货（STS）策略在仅线上销售模式和线上线下同时销售模式下的绩效。结果表明尽管 STS 能够增加零售商的销量，但它也可能会带来部分客户在店内取货期间因接触附近竞争对手的替代产品而失去一些客户的风险；其次，当产品的通用性较强、价格低且店内可用性较高时，零售商应该选择仅线上零售模式；反之，应该选择线上线下同时销售模式。Mandal 等[69]考虑线上零售商在全渠道零售背景下的几种运营模式，即仅线上销售、线下体验线上销售，和线上线下销售的同时允许消费者跨渠道退货，并根据产品的属性和估值选择最优的销售模式。结果表明当产品的估值较高（定制化水平较高）时，零售商更愿意选择通过线下体验线上销售（线上线下同时销售）的模式。He 等[70]通过报童模型刻画了消费者在全渠道模式下的退货行为，并分析了在双渠道模式和全渠道模式下的订货与定价决策。结果表明当零售商实施全渠道退货时，新产品的价格不会发生变化，但是退货产品的再次销售的价格可能会下降；其次，实现全渠道退货在大多数情况下能够使得渠道成员的收益均增长。Zhang 等[71]专注于消费者退货和订单取消的全渠道零售业务，并发现当在线零售商开设实体店时，零售价格会下降，并且全渠道策略并不总是对零售商有利。Nageswaran 等[72]考虑到消费者对产品估值的异质性和消费者退货问题，探讨了全渠道零售商是否应该为消费者提供全额退款。研究表明有良好的在线退货合作伙伴的全渠道企业和较多线下消费者的企业应该提供全额退款；而对于有重要的线下门店网络和门店回收更具优势的企业而言，应该收取相应的退货费用。

此外，部分研究考虑到消费者的行为特征、产品特征等因素，并由此分析在上述情景下制造商或者零售商的全渠道整合策略。Du 等[73]考虑了消费者预期的失望厌恶行为对全渠道环境中有无库存约束的零售商最优定价决策的影响。结果发现当零售商在双渠道经营中面临线下库存限制时，消费者的失望厌恶的行为会改变零售商实施不同渠道定价策略的阈值；其次，该研究还展示了如何通过设置线下展厅来减轻消费者失望厌恶行为对企业收益带来的负面影响。Wei 和 Li[74]研究了在全渠道零售的背景下，消费者的炫耀心理和对库存可用性的担忧会如何影响奢侈品公司的运营决策。结果表明与仅线下渠道销售策略相比，全渠道策略导致线下渠道的产品价格和库存水平降低，且奢侈品公司可能不会从全渠道策略中受益。Shao[75]以单个制造商、单个电子零售商，和单个传统零售商为研究对象，探讨了竞争零售商们的全渠道策略对供应链绩效的影响。结果表明对传统零售商而言，采取全渠道策略是有利的，但是对电子零售商是不利的；其次，全渠道零售可能会导致线上渠道的产品价格增加，而线下渠道的产品价格会减少；此外，对于制造商而言，全渠道策略可能会导致其收益受损。Li 等[76]研究了优惠券促销对全渠道价格和运营决策的影响，考虑了三种优惠券发放方式，即全渠道零售商不提供优惠券、提供相同面值的优惠券或提供不同面值的优惠券。结果表明优惠券的分发并不总是导致市场份额的增加；其次，在进行优惠券促销时，零售商总是收取较高的价格，但如果优惠券促销对竞争渠道的负面影响较大，零售商会降低价格。Gupta 等[77]运用模拟退火算法研究了全渠道模式下制造商的联合生产、定价和库存控制问题，并发现当消费者能够获得线上展厅和线下展厅的服务，并能够通过线上订购线下取货的方式购买产品时，供应链的整体收益会增加。

上述文献分析了 BOPS、BORS 以及 STS（或 SFS）模式对全渠道运营的影响。其中，关于 BORS 模式的研究，主要关注了该模式对渠道成员的定价和收益的影响，较少关注到退货运费险与 BORS 模式之间的内在联系，进一步地，缺乏讨论考虑退货运费险的全渠道模式下制造商的退货策略选择问题。本书第四章则对比分析了退货运费险和 BORS 模式两种退货策略的利弊，并得出基于消费者退货行为的全渠道制造商最优定价以及退货策略。关于 BOPS 模式的研究，上述文献大多关注了该模式下库存管理、渠道冲突和协调问题，但并未考虑 BOPS 模式对渠道服务的影响。与上述文献不同的是，本书第五章关注在制造商引入 BOPS 模式前后的服务决策，分析了 BOPS 模式对渠道成员的服务决策的影响，进一步揭示了渠道成员的服务决策与 BOPS 模式之间的内在联系。此外，不同于以往研究全渠道模式下的产品定价问题，本书第五章以渠道成员的服务决策为切入点，分析了制造商引入 BOPS 模式的渠道整合策略，这为全渠道模式下的制造商在服务决策和渠道整合方面提供了一定的理论支撑。

2.4 渠道协调机制研究

现有对于渠道协调的研究，主要集中在单一渠道垂直关系协调和双渠道水平关系协调，涉及移动电商渠道以及全渠道协调也相对较少，且双渠道协调大多以零售商为研究对象。因此，本节对现有渠道协调方面研究进行整理归纳，并按照从单一渠道的协调策略，再到双渠道的协调策略，最后到多渠道或者全渠道的协调策略的分类方式，对上述三类文献进行详细综述。

首先是单一渠道方面的渠道协调机制研究。周艳菊等[78]探讨了广告合作契约及广告合作-减排成本分担契约对供应链最优决策及协调性的影响。Yoshihara 和 Matsubayashi[79]以一个制造商和两个竞争零售商组成的供应链为研究对象，主要研究了当零售商具有公平关切下的渠道协调问题。结果表明当供应链整体收益最大化且零售商不会因为不公平劣势导致负效用时，供应链成员可以实现协调。Zhang 等[80]主要关注在考虑产品质量和退货前提下的双渠道闭环供应链的渠道协调问题。他们设计了最佳的收益共享契约以鼓励零售商提高在回收废旧产品方面的努力水平。结果表明与非协调模型相比，在引入收益共享契约后，能够有效缓解零售价格竞争并提高双渠道闭环供应链总利润。Jin 等[81]探讨了在不同权力结构下的闭环供应链的定价和协调问题。研究表明制造商和零售商均有动力去主导废旧产品的回收工作，且仅当制造商和零售商的地位相等时，闭环供应链的总收益才会达到最高。其次，他们还设计了两部定价契约对处于不同权力结构下的供应链进行协调。Kouvelis 和 Shi[82]以单个制造商、零售商以及销售代理组成的供应链为研究对象，探讨了当制造商和零售商分别与销售代理合作时的最优补贴契约。结果表明当制造商对销售代理发放补贴时，价格折扣契约的协调效果更好；当零售商对销售代理发放补贴时，回购契约在订货量协调方面表现更佳，而渠道回扣契约则在销售努力方面的协调效果更好。范建昌等[83]分析了在不同渠道权力结构下，责任成本分担合同对制造商产品质量决策的影响，并进一步分析权力结构对供应链成员收益以及渠道协调的影响。结果表明当制造商为领导者时，收益共享契约能够有效实现渠道成员之间的协调；当零售商为领导者时，由零售商质量成本分担和制造商收益分享契约组成的混合契约能够实现有效协调。

随着在线渠道的引入，由此产生的双渠道协调问题受到了许多学者的关注。范小军等[84]为了解决渠道价格决策中的二次价格加成问题，提出了一种数量折扣定价和进场费组合的渠道定价策略,以同时实现渠道整体和渠道成员的优化。李宗活等[85]以双渠道制造商和零售商组成的供应链为研究对象,探讨了基于零售商创新投入的双渠道供应链协调问题。研究表明在线渠道的引入会使得零售商的收益受损,且通过引入双重协调机制可以缓解渠道冲突。纪雅杰等[86]基于供应商管理库存,探讨了消费者线上参考效应、线下库存效应以及消费者的渠道偏好对供应链成员决策的影响,并提出相应的协调策略。结果发现在引入供应商收益分享契约和双边成本分担契约后,不仅能实现供应链协调,还能激励零售商提升其线下产品服务水平。郭金森等[87]探讨了在制造商存在规模不经济的情形下,基于一致定价和促销努力的双渠道供应链的协调策略。研究发现对于规模不经济的双渠道供应链而言,分散式批发价契约无法实现协调,而收益共享契约虽然能够实现供应链协调,但是无法保证供应链成员的收益增长。因此他们设计出带有固定补偿的收益共享契约,从而实现供应链的有效协调。Pei等[88]针对线上渠道和线下渠道之间的竞争问题提出了相应的协调契约。结果表明制造商向零售商提供一定的折扣补贴能够缓解渠道间的竞争,而订货量折扣契约则起不到协调的作用;当将上述两种契约结合起来时,能够使得供应链成员获得更高的收益。李重莲等[89]探讨了考虑当制造商和线上、线下渠道商均存在公平关切下双渠道供应链的协调问题。李亚东等[90]考虑了显性公平关切和隐形损失厌恶双重行为偏好下的供应链协调问题,并发现在随机线性需求下,供应链实现协调的可能性较小;在非线性需求下,实现供应链协调需要满足的条件相对容易达到,也为实现协调提供更大的空间。王威昊和胡劲松[91]构建了线上结合线下的动态的供应链模型,并研究了在集中式和分散式决策模式下供应链成员的定价决策等。研究表明在一定条件下,成本-收益双分担机制能够实现供应链协调,实现帕累托改进。曹晓宁等[92]研究了考虑供应商保鲜努力的生鲜产品的双渠道供应链协调问题，并对比分析了两部定价契约、批发价协调契约，以及由成本分摊与补偿策略相结合的混合契约的协调效果。

　　进一步地，部分学者开始关注到多渠道或者全渠道模式下的渠道协调问题。Gao 和 Su[59]指出，当全渠道零售商采用"线上下单线下取货（BOPS）"的订单实现方式时，可以通过设定一个线上线下收益分享机制实现渠道协调，从而保证线下店能够维持一个合理的库存水平。李建斌等[93]考虑了在全渠道模式下的消费者交叉购买行为对渠道协调策略的影响，并提出一种新的协调契约，即双边收益共享契约。结果表明当线下渠道的边际交叉销售收益不高时，双边收益共享契约的协调效果更好；当边际交叉收益较高时，采取两部定价契约和收益共享契约的混合契约会更好。Yan 等[94]研究了在全渠道零售背景下，考虑消费者退货政策对渠道协调的影响，并发现制造商和零售商可以通过采取不同的退货政策来对供应链成员之间进行协调以实现帕累托改进。江玉庆等[95]探讨了在不同的 BOPS 渠道销量的整合模式下供应链成员定价和销售努力决策，并发现当供应链成员实行销售努力成本分摊契约时，能够有效缓解双重边际化效应，且实现供应链成本收益的增长。Zhang 和 Wang[96]研究了考虑短生命周期产品的全渠道零售商的渠道协调策略，该研究通过制订适当的价格策略和渠道策略来协调线上渠道和线下渠道。刘灿等[97]和 Li 等[98]均研究了考虑存在线下展厅情形下供应链的协调问题，不同的是后者考虑了信息不对称对渠道成员合作策略的影响。Amrouche 等[99]分别考虑了由一个制造商两个线下零售商，或者由一个制造商、一个线下零售商和一个线上零售商组成的两种供应链环境，对比了每种供应链环境下的非合作与合作策略（即最低定价策略、全渠道价格和收益共享合作），并分析每种策略对供应链成员绩效的影响。Yu 等[100]和 Chen 等[101]均关注到 O2O 模式下的供应链协调问题，前者将渠道成员的公平关切纳入协调契约中，通过库存转运策略来解决 O2O

模式下的供应链协调问题；后者则考虑了线下渠道补贴对O2O供应链协调的影响，并引入收益共享契约以及两部定价契约来解决供应链的协调问题。Pei等[102]针对线上和线下渠道的协调问题，提出了对零售商的线下服务协调和对线上渠道的价格协调两种机制，并发现通过对线上渠道的价格协调能够更有效地缓解线上渠道和线下渠道之间的冲突。

上述研究中较少考虑全渠道背景下，制造商可能面对的渠道冲突，包括制造商与渠道成员间的垂直冲突，也会存在多种渠道之间的水平冲突，而如何协调多渠道是制造商构建全渠道模式的关键。本书第五章和第六章重点研究了全渠道零售背景下的两大主流运营模式，即线上订购线下提货和线上订购线下发货模式下制造商供应链的渠道协调问题。本书第五章研究了考虑引入"线上订货线下提货"渠道对渠道成员收益的影响，并进一步指出引入该渠道对制造商不利，进而通过收益转移支付的方法来实现渠道成员收益和整体收益的增长。本书第六章研究了在线上订购线下发货模式下，供应链成员在分散式决策和集中式决策两种情景下的最优决策，并设计了两部定价协调契约，以保证供应链整体收益增长的同时，也能保证渠道成员的帕累托改进，实现了供应链的完美协调。

2.5 研究综述

从上述文献分析可知，现有研究主要存在以下几点不足：

（1）关于全渠道或多渠道的定价问题大多从零售商的视角切入，如何从制造商的角度出发更好地实施定价策略，推进全渠道战略的部署，是亟待深入研究的问题。此外，移动互联网时代下，消费者的购物行为呈现出社交化、多元化等趋势，全渠道模式下的制造商如何精准把握消费者的购物行为，设计合理的定价体系，从而更趋近全渠道战略运作的目标，值得进一步探索。

（2）对于"线上购买线下取货"的跨渠道销售策略的研究，现有的研究大多关注的是该销售策略在零售商的实际操作方面，或者是考虑以全渠道零售商为研究对象，探讨"线上订购线下取货"策略对零售商的线上线下渠道的定价策略影响。在现实的全渠道购物体验过程中，一方面，消费者不仅关注产品的价格，也更加关注不同渠道所提供的服务；另一方面，移动互联网的普及也为制造商布局全渠道奠定了基础。因此有必要拓展现有的研究，通过全渠道模式下制造商视角，来探讨"线上购买线下取货"的跨渠道销售策略对制造商的服务水平决策，并且能够在不同渠道之间有效配置服务资源，也是值得进一步研究的主题。

（3）现有渠道协调主要集中在单一渠道的垂直关系协调和多渠道间的水平关系协调，而当制造商构建全渠道模式时，全渠道中可能会出现同时拥有单一渠道零售商、多渠道零售商、全渠道的零售商等多种形式。因此，不仅会存在制造商与渠道成员间的垂直冲突，也会存在多种渠道之间的水平潜在冲突。渠道冲突不仅体现在价格、也会体现在产品的渠道配置、服务、库存等多方面。为实现全渠道给消费者提供无缝隙的一致品牌体验的目标，需要设计合理的机制来协调全渠道模式下的渠道冲突问题，而相关的研究则是非常缺乏的。

第三章　全渠道模式下考虑会员权益的制造商定价策略研究

当制造商通过直播电商等营销方式获得巨大流量时，他们也需要考虑在全渠道零售的背景下，如何提高消费者的复购频次，实现会员沉淀。因此，本章将会员权益对消费者购买行为的影响考虑到企业决策中，构建了引入全渠道会员前后的两种情形，研究了制造商引入全渠道会员对渠道成员的定价决策以及收益的影响，进而得出制造商的最优渠道策略以及渠道成员的定价策略。

3.1　研究背景

为了更好地维护和管理消费者，很多企业推出了会员制度。当消费者第一次购买企业产品时，可以通过线上或者线下渠道进行注册，从而成为该企业的会员。在成为会员之后，消费者可以享受到相应的会员权益，从而获得更好的购物体验。会员体系的推出，不仅能够为企业更好地管理消费者信息，追踪消费者的购物行为，也促使消费者在会员权益的驱动下进行再购买，从而为企业带来长久的收益。因此，会员体系在现有的商业实践中也被广泛应用。以知名的化妆品品牌为例①，当消费者成为该品牌的会员之后，可以享受到以下权益：①新品付邮试用；②首次购买可享受新客礼；③每次购物可选择3份心仪产品体验装；④生日月购物可享受生日礼及双倍积分；⑤每次购物可累计会员积分，年终可参与兑礼。这些措施均旨在提高消费者对品牌的忠诚度，从而提高企业的收益。本书主要关注的是会员体系中的积分制度，即当消费者购买产品时会获得相应的积分，而这些积分在消费者再次购买产品时可以抵扣相应的金额。这种制度也一定程度上刺激了消费者的重复购买。在已有研究中，这一制度也被称为忠诚计划（loyalty program）。

在全渠道零售环境下，越来越多的双渠道公司通过推出全渠道会员计划，允许消费者跨渠道享受相同的会员特权。在护肤品行业，宝洁集团旗下高端护肤品牌已于2015年在线下渠道正式与该品牌共享线上会员计划②。通过会员计划共享的会员信息可以实现线上门店与线下专柜无缝对接。无论是从线上旗舰店还是线下门店购买产品，消费者都可以获得统一的会员积分和权益。截至目前，共有30多个品牌相继打造全渠道会员计划。在食品行业，中国知名的高端零食品牌，在2015年启动全渠道会员计划，且该年的销售额较2014年增长超过100%，从25亿元上升至45亿元③。从上述的现实案例中可以看出，会员计划共享在各个行业中非常普遍。然而，当公司开放线下和线上会员计划时，他们也应该考虑会员体系共享带来的潜在问题。首先，通过会员计划共享，部分消费者可能会改变购买决定进行复购，这可能会加剧线下和线上渠道之间的竞争。其次，与线上渠道相比，消费者对线下渠道的接受

---

① https：//www.shiseido.com.cn/register
② http：//www.linkshop.com.cn/web/archives/2016/364779.shtml
③ https：//cj.sina.com.cn/article/detail/2309419373/303040

度更高,尤其是美妆护肤品。线下买家可以享受额外的服务,如免费面部水疗、化妆服务、个人推荐等,这些都是线上渠道难以替代的。因此,基于会员体系共享所带来的潜在收益和弊端,本书主要解决以下几个问题:首先,会员体系共享会如何影响线上和线下渠道的定价决策;其次,会员体系共享会如何影响渠道成员的收益;此外,消费者是否能够从会员共享体系中获益。这些都是渠道成员在建设全渠道会员体系时需要考虑的问题。

为了研究在全渠道零售背景下会员体系共享的影响,本书考虑由一个同时拥有线上和线下渠道的制造商和一个传统零售商组成的供应链模型。若线上渠道与线下渠道不共享会员体系,消费者只有在同一渠道回购时才能享受会员折扣;若线上渠道与线下渠道共享会员体系,消费者在回购时可以享受跨渠道的会员折扣,这可能会使消费者改变他们的回购决定。而且,相比线上渠道,消费者会因为在线下渠道购买产品的即得性和线下体验服务等,对线下渠道的接受程度更高。通过比较在有无会员体系共享情景下的均衡解,本书将探讨会员体系共享对渠道成员和消费者的影响。

3.2 问题描述与假设

首先,本书考虑市场中存在一个拥有线上渠道的制造商和一个传统零售商,制造商可以通过其线上渠道和零售商的线下渠道同时向消费者销售产品。在线下渠道的销售中,制造商向零售商提供产品并制订批发价 w,然后零售商制订产品零售价 p_r;在线上渠道的销售中,消费者可以直接在制造商的线上渠道购买产品,制造商会制订产品直销价 p_e。根据线上线下渠道是否共享其会员体系,本书主要考虑以下两种情景：情景 N，即线上渠道和线下渠道未共享其会员体系。在这种情景下，仅当复购选择的渠道与首次购买的渠道相同时，消费者才可以享受到会员积分带来的优惠。情景 S，即线上渠道和线下渠道共享其会员体系。在这种情景下，消费者在再次购买时无论选择何种购物渠道都可以享受到会员积分带来的优惠。在上述情景中，制造商和零售商的决策时序如下所示：首先，制造商决策产品批发价和直销价；其次，零售商决策产品零售价。最后，基于制造商和零售商的定价决策，消费者根据自身效用最大化做出购买决策。

为不失一般性，本书考虑消费者购买的产品能够为他们带来的价值为 v，且服从区间 $[0,1]$ 的均匀分布，即 $v \sim U[0,1]$。参照已有文献的假设[103~106]，本书考虑当消费者在线下渠道购买产品时，获得的产品价值为 v；在线上渠道购买产品时，获得的效用为 θv，其中 θ 为消费者对线上渠道的接受程度，且 $\theta < 1$。这主要是因为当消费者选择在线下渠道购买产品时，他们可以即时地获得产品并试用产品。但是当消费者选择线上渠道时，消费者无法直接接触产品，且他们需要等待物流运输才可以获得所购买的产品。因此，相比于线下渠道而言，消费者对线上渠道的接受程度更低。

此外，本书考虑消费者的两阶段购买行为。因此，制造商和零售商均会参与两个阶段的销售，且他们均会在其各自的销售渠道上为消费者提供会员积分的服务。具体来说，在第一阶段，当消费者选择在某一渠道购买产品时，他们会成为销售渠道上的会员，并享有一定的会员积分。这些积分在消费者的二次购买中可以转化为相应的折扣，从而抵扣消费者在第二次购买时的费用，即消费者在线上渠道第一次购买产品时需支付 p_e，但是在第二次购买时，仅需支付 $(1-\gamma_e)p_e$，其中 γ_e 为会员积分能够为在线上渠道购买产品的消费者带来的折扣。相应地，消费者在线下渠道获得的积分能够为消费者带来的折扣为 γ_r。为了便于分析，本书假设线上渠道与线下渠道的积分兑换折扣是相同的，即 $\gamma_e = \gamma_r = \gamma$。这一假设也与现实中的会员积分兑换规则相符，例如雅诗兰黛①、星巴克②等。在消费者的实际购买中，消费者能够从会员体系中获得折扣主要取决于会员积分带来的折扣力度以及其购买产品的价格，因此，当消费者通过兑换积分购买产品时能够享受到的抵扣款为 γp_i，其中 p_i 为渠道 i 的产品价格。此外，本书使用符号 c 来表示制造商的单位生产成本。本书涉及的所有符号如表3.1所示，符号"*"表示均衡解。

表 3.1 符号含义表

符号	含义
x	情景 x，x = N，S，N 代表制造商与零售商未引入会员体系共享；S 代表制造商与零售商引入会员体系共享
i	渠道，i = e，r，e 表示线上渠道，r 表示线下渠道
j	消费者购买阶段，j = 1，2
v	产品价值
θ	消费者对线上渠道的接受程度
γ_i	渠道 i 的会员积分能够兑换的折扣
c	产品的单位成本
w	产品批发价
p_i	渠道 i 的产品售价
Π_m^x	制造商在情景 x 下的收益
Π_r^x	零售商在情景 x 下的收益

---

① https://www.esteelauder.com.cn/vip
② https://www.hishop.com.cn/ecschool/kdzx/show_63195.html

为了简化分析，本书的基本假设如下：

（1）消费者的总量为单位1，且每个消费者每个阶段至多购买一个产品；

（2）线上渠道与线下渠道的会员积分兑换折扣是相同的；

（3）消费者和企业都是理性且风险中性的，即消费者、制造商和零售商会根据自身利益最大化做出最优决策。

3.3 模型构建与求解

在3.3.1小节中，本书首先分析情景N，即制造商与零售商没有共享其会员体系时，渠道成员的定价决策以及收益；在3.3.2小节分析情景S，即制造商与零售商共享其会员体系时，渠道成员的定价决策及收益。

3.3.1 未引入会员体系共享（N）

在情景N下，线上渠道与线下渠道之间不共享会员体系。此时，若消费者再次购买，仅能从原本相同的购买渠道去兑换积分并享受折扣。因为消费者具有前瞻性，所以在他们做出产品购买决定时，他们会理性地预估在二次购买阶段所获得的效用，从而做出最优的购买决策。根据选择购买的渠道的不同，消费者存在以下四种购买选择：

（1）第一阶段和第二阶段均在线上渠道购买，且所获得的效用为 $u_{ee}^{N} = (\theta v - p_e) + (\theta v - p_e + \gamma p_e)$；

（2）第一阶段在线上渠道购买，第二阶段转向在线下渠道购买，且所获得的效用为 $u_{er}^{N} = (\theta v - p_e) + (v - p_r)$；

（3）第一阶段在线下渠道购买，第二阶段转向在线上渠道购买，且

所获得的效用为 $u_{\text{re}}^{\text{N}} = (v - p_r) + (\theta v - p_e)$；

（4）第一阶段和第二阶段均在线下渠道购买，且所获得的效用为 $u_{\text{rr}}^{\text{N}} = (v - p_r) + (v - p_r + \gamma p_r)$。

通过比较消费者的效用函数，可以发现仅当 $v > \max\left\{\dfrac{(2-\gamma)(p_r - p_e)}{2(1-\theta)},\right.$ $\left.\dfrac{(1-\gamma)p_r - p_e}{1-\theta}\right\}$ 且 $v > \dfrac{(2-\gamma)p_r}{2}$ 时，消费者会选择第一种购买方式；仅当 $\dfrac{p_r - (1-\gamma)p_e}{1-\theta} < v < \dfrac{(1-\gamma)p_r - p_e}{1-\theta}$ 且 $v > \dfrac{p_r + p_e}{1+\theta}$ 时，消费者会选择第二种或第三种购买方式；仅当 $v < \min\left\{\dfrac{(2-\gamma)p_r - (2-\gamma)p_e}{2(1-\theta)}, \dfrac{p_r - (1-\gamma)p_e}{1-\theta}\right\}$ 且 $v > \dfrac{(2-\gamma)p_e}{2\theta}$ 时，消费者会选择第二种购买方式。通过求解消费者的最优购买决策，可以得到引理3.1。

引理3.1 在情景N下，消费者的决策如下所示：

（1）若 $p_r \leqslant \dfrac{p_e}{\theta}$：当 $v \geqslant \dfrac{(2-\gamma)p_r}{2}$ 时，消费者选择均在线下渠道购买；当 $v < \dfrac{(2-\gamma)p_r}{2}$ 时，消费者不购买；

（2）若 $p_r > \dfrac{p_e}{\theta}$：当 $v \geqslant \dfrac{(2-\gamma)(p_r - p_e)}{2(1-\theta)}$ 时，消费者选择均在线下渠道购买；当 $\dfrac{(2-\gamma)p_e}{2\theta} \leqslant v < \dfrac{(2-\gamma)(p_r - p_e)}{2(1-\theta)}$ 时，消费者选择均在线上渠道购买；当 $v < \dfrac{(2-\gamma)p_e}{2\theta}$ 时，消费者不购买。

由引理3.1可以发现，当渠道成员不允许消费者跨渠道兑换积分时，即仅当消费者在同一渠道购买产品时才可以享受到会员折扣时，能够有效地阻止策略性消费者在复购时选择其他购买渠道。引理3.1

（1）表明线下渠道的价格比线上价格低时，消费者会选择两个阶段均在线下渠道购买产品；引理 3.1（2）则表明当线下渠道的价格比线上价格高时，存在一部分消费者会选择在线上渠道购买。在这种情况下，降低线下渠道的产品价格可以吸引更多的消费者，从而增加了线下渠道的产品需求量。从引理 3.1 也可以推导出在情景 N 下，线上和线下渠道的需求函数，如下所示。

$$d_r^N = d_{r1}^N + d_{r2}^N = \begin{cases} 2\left[1 - \dfrac{(2-\gamma)p_r}{2}\right] & 当 p_r \leqslant \dfrac{p_e}{\theta} 时, \\ 2\left[1 - \dfrac{(2-\gamma)(p_r - p_e)}{2(1-\theta)}\right] & 当 p_r > \dfrac{p_e}{\theta} 时. \end{cases}$$

(3.1)

$$d_e^N = d_{e1}^N + d_{e2}^N = \begin{cases} 0 & 当 p_r \leqslant \dfrac{p_e}{\theta} 时, \\ 2\left[\dfrac{(2-\gamma)(p_r - p_e)}{2(1-\theta)} - \dfrac{(2-\gamma)p_e}{2\theta}\right] & 当 p_r > \dfrac{p_e}{\theta} 时. \end{cases}$$

(3.2)

根据博弈顺序，基于消费者的决策，零售商制订产品零售价以最大化其收益；其次，制造商制订产品批发价格和直销价以最大化其收益。制造商和零售商的收益如下所示：

$$\Pi_r^N = (p_r - w)d_{r1}^N + [(1-\gamma)p_r - w]d_{r2}^N \quad (3.3)$$

$$\Pi_m^N = (w-c)(d_{r1}^N + d_{r2}^N) + (p_e - c)d_{e1}^N + [(1-\gamma)p_e - c]d_{e2}^N \quad (3.4)$$

通过逆序求解，可以得到情景 N 下的均衡解，如定理 3.1 所示。

定理 3.1 在情景 N 下，制造商和零售商的均衡解如表 3.2 所示，且可以概括为：（1）当 $c \leqslant \dfrac{\theta}{2}$ 时，线上渠道和线下渠道均有需求，即 $d_r^N > 0, d_e^N > 0$；（2）当 $c > \dfrac{\theta}{2}$ 时，仅线下渠道有需求，即 $d_r^N > 0, d_e^N = 0$。

第三章 全渠道模式下考虑会员权益的制造商定价策略研究

表 3.2 情景 N 下的均衡解

均衡解	若 $c \leqslant \dfrac{\theta}{2}$	若 $c > \dfrac{\theta}{2}$
w^{N*}	$\dfrac{1+c}{2}$	$\dfrac{1+c}{2}$
p_e^{N*}	$\dfrac{c+\theta}{2-\gamma}$	$\dfrac{(3+c-2\theta)\theta}{(2-\theta)(2-\gamma)}$
p_r^{N*}	$\dfrac{3+2c-\theta}{2(2-\gamma)}$	$\dfrac{(3+c-2\theta)}{(2-\theta)(2-\gamma)}$

证明：在第二阶段，零售商制定产品零售价。将需求函数分别代入零售商的收益函数可以得到：

(1) 当 $p_r \leqslant \dfrac{p_e}{\theta}$ 时，$\Pi_r^{N(1)} = (p_r - w)\left[1 - \dfrac{(2-\gamma)p_r}{2}\right] + [(1-\gamma)p_r - w]\left[1 - \dfrac{(2-\gamma)p_r}{2}\right]$；

(2) 当 $p_r > \dfrac{p_e}{\theta}$ 时，$\Pi_r^{N(2)} = (p_r - w)\left[1 - \dfrac{(2-\gamma)(p_r - p_e)}{2(1-\theta)}\right] + [(1-\gamma)p_r - w]\left[1 - \dfrac{(2-\gamma)(p_r - p_e)}{2(1-\theta)}\right]$。

接下来，本书将通过 KKT 条件求解的方法对零售商的最优决策问题进行求解。

首先，考虑在第一种情形下零售商的最优决策。对 $\Pi_r^{N(1)}$ 关于 p_r 求一阶偏导数和二阶偏导数，可得 $\dfrac{\partial^2 \Pi_r^{N(1)}}{\partial (p_r)^2} = -(2-\gamma)^2 < 0$，即存在最优解。令 $\dfrac{\partial \Pi_r^{N(1)}}{\partial p_r} = 0$，可得局部最优解为：若 $w \leqslant \dfrac{2p_e - \theta - \gamma p_e}{\theta}$，$p_r(w) = \dfrac{1+w}{2-\gamma}$；若 $w > \dfrac{2p_e - \theta - \gamma p_e}{\theta}$，$p_r(p_e) = \dfrac{p_e}{\theta}$。

其次，考虑在第二种情形下零售商的最优决策。对 $\Pi_r^{N(2)}$ 关于 p_r 求一阶偏导数和二阶偏导数，可得 $\dfrac{\partial^2 \Pi_r^{N(2)}}{\partial (p_r)^2} = -\dfrac{(2-\gamma)^2}{1-\theta} < 0$，即存在最优解。令 $\dfrac{\partial \Pi_r^{N(2)}}{\partial p_r} = 0$，

可以得到局部最优解为：

若 $w > \dfrac{p_e(2-\theta)(2-\gamma) - 2(1-\theta)\theta}{2\theta}$，则

$$p_r(w, p_e) = \dfrac{2 + 2p_e - 2\theta + 2w - \gamma p_e}{4 - 2\gamma};$$

若 $w \leqslant \dfrac{p_e(2-\theta)(2-\gamma) - 2(1-\theta)\theta}{2\theta}$，则

$$p_r(p_e) = \dfrac{p_e}{\theta}.$$

通过比较上述阈值，

可以得到若 $p_e \leqslant \dfrac{2\theta}{2-\gamma}$，

有 $\dfrac{p_e(2-\theta)(2-\gamma) - 2(1-\theta)\theta}{2\theta} \geqslant \dfrac{2p_e - \theta - \gamma p_e}{\theta}$；

反之，$\dfrac{p_e(2-\theta)(2-\gamma) - 2(1-\theta)\theta}{2\theta} < \dfrac{2p_e - \theta - \gamma p_e}{\theta}$。

进一步地，本书将分析零售商决策的全局最优解。

若 $w \leqslant \dfrac{2p_e - \theta - \gamma p_e}{\theta}$，通过比较 $\Pi_r^{N(1)}$ 和 $\Pi_r^{N(2)}$，可以得到 $\Pi_r^{N(1)} > \Pi_r^{N(2)}$。

因此，零售商的最优反应函数为 $p_r(w) = \dfrac{1+w}{2-\gamma}$；当 $\dfrac{2p_e - \theta - \gamma p_e}{\theta} < w \leqslant \dfrac{p_e(2-\theta)(2-\gamma) - 2(1-\theta)\theta}{2\theta}$，可以得到零售商的最优反应函数为

$$p_{\mathrm{r}}(p_{\mathrm{e}}) = \frac{p_{\mathrm{e}}}{\theta};$$

当 $w > \dfrac{p_{\mathrm{e}}(2-\theta)(2-\gamma) - 2(1-\theta)\theta}{2\theta}$，通过比较 $\Pi_{\mathrm{r}}^{N(1)}$ 和 $\Pi_{\mathrm{r}}^{N(2)}$，可以得到 $\Pi_{\mathrm{r}}^{N(1)} < \Pi_{\mathrm{r}}^{N(2)}$。

因此，零售商的最优反应函数为

$$p_{\mathrm{r}}(p_{\mathrm{e}}, w) = \frac{2 + 2p_{\mathrm{e}} - 2\theta + 2w - \gamma p_{\mathrm{e}}}{4 - 2\gamma}。$$

在第一阶段，制造商决策产品直销价和批发价，将上述零售商的最优反应函数代入制造商的收益函数中。与第二阶段的求解逻辑相同，可以得到制造商的最优决策为：

若 $c \leqslant \dfrac{\theta}{2}$，$w^{N*} = \dfrac{1+c}{2}$，则 $p_{\mathrm{e}}^{N*} = \dfrac{c+\theta}{2-\gamma}$；

若 $c > \dfrac{\theta}{2}$，$w^{N*} = \dfrac{1+c}{2}$，则 $p_{\mathrm{e}}^{N*} = \dfrac{(3+c-2\theta)\theta}{(2-\theta)(2-\gamma)}$。

将 w^{N*} 和 p_{e}^{N*} 代入 $p_{\mathrm{r}}(w, p_{\mathrm{e}})$ 可以得到 p_{r}^{N*}；再将上述最优决策代入制造商和零售商的收益函数中，可得定理3.1。证毕。

由定理3.1可以发现，当产品的单位成本较高（$c > \dfrac{\theta}{2}$）时，零售商会制订较低的零售价（$p_{\mathrm{r}}^{N*} = \dfrac{(3+c-2\theta)}{(2-\theta)(2-\gamma)}$）使得其定价落在 $p_{\mathrm{r}}^{N*} \leqslant \dfrac{p_{\mathrm{e}}^{N*}}{\theta}$ 区域内。

如图3.1的区域（Ⅱ）所示，在这种情况下，零售商通过制订较低的零售价从而最大限度地吸引消费者在线下购买产品，使得线上渠道最终成为线下渠道的线上展厅。当产品的单位成本较低（$c \leqslant \dfrac{\theta}{2}$）时，制造商会制订较低的直销价（$p_{\mathrm{e}}^{N*} < \theta p_{\mathrm{r}}^{N*}$），从而吸引更多的消费者在线

上渠道购买产品，如图 3.1 的区域（Ⅰ）所示。在这种情况下，线上渠道和线下渠道的消费者需求均为正。

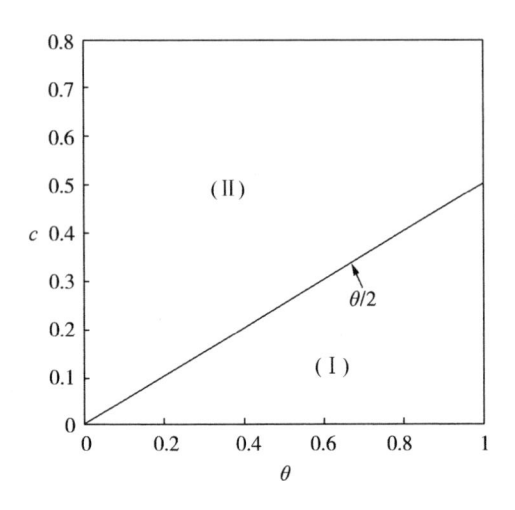

图 3.1　情景 N 下的均衡解示意图

在制造商未引入全渠道会员时，即线上线下渠道的会员体系不共享时，消费者在第二阶段购买产品时选择与第一阶段相同的渠道才可以享受到会员积分带来的优惠。这也意味着不共享会员体系可以有效地阻止消费者的跨渠道购买行为，从而帮助企业能够巩固其原有的消费者群体。此外，从定理 3.1 的结论可以看出，在情景 N 下，线上线下渠道之间没有跨渠道购买的消费者。这也表明，当线上线下渠道不共享会员体系时，也能够帮助渠道成员避免在复购阶段的竞争。此外，由均衡结果可以发现，当会员积分所能兑换的折扣比例越高时，产品的直销价和零售价均会增加，即 $\frac{\partial p_e^{N*}}{\partial \gamma} > 0, \frac{\partial p_r^{N*}}{\partial \gamma} > 0$。

3.3.2 引入会员体系共享（S）

本书现在分析情景 S，即线上渠道和线下渠道共享会员体系。在这种情况下，消费者在第二阶段购买时，可以选择任意一个渠道兑换产品积分，因此消费者既可以在线上渠道也可以在线下渠道享受到会员积分带来的折扣。与情景 N 相似，在情景 S 下，消费者有以下几种购买方式：

（1）第一阶段和第二阶段均在线上渠道购买，且所获得的效用为 $u_{ee}^{S} = (\theta v - p_e) + (\theta v - p_e + \gamma p_e)$；

（2）第一阶段在线上渠道购买，第二阶段转向在线下渠道购买，且所获得的效用为 $u_{er}^{S} = (\theta v - p_e) + (v - p_r + \gamma p_e)$；

（3）第一阶段在线下渠道购买，第二阶段转向在线上渠道购买，且所获得的效用为 $u_{re}^{S} = (v - p_r) + (\theta v - p_e + \gamma p_r)$；

（4）第一阶段和第二阶段均在线下渠道购买，且所获得的效用为 $u_{rr}^{S} = (v - p_r) + (v - p_r + \gamma p_r)$。

通过比较上述几种消费者效用函数，可以得到：

当 $v \leqslant \min\left\{\dfrac{p_r - p_e}{1-\theta}, \dfrac{(2-\gamma)(p_r - p_e)}{2(1-\theta)}, \dfrac{(1-\gamma)(p_r - p_e)}{(1-\theta)}\right\}$

且 $v > \dfrac{(2-\gamma)p_e}{2\theta}$ 时，消费者会选择第一种购买方式；

当 $\dfrac{p_r - p_e}{1-\theta} < v \leqslant \dfrac{(1-\gamma)(p_r - p_e)}{1-\theta}$，$v > \dfrac{p_e + p_r - \gamma p_e}{1+\theta}$，

且 $p_r < p_e$ 时，消费者会选择第二种购买方式；

当 $\dfrac{(1-\gamma)(p_r - p_e)}{1-\theta} < v < \dfrac{p_r - p_e}{1-\theta}$，$v > \dfrac{p_r - \gamma p_r + p_e}{1+\theta}$，

且 $p_r > p_e$ 时，消费者会选择第三种购买方式；

当 $v > \max\left\{\dfrac{(2-\gamma)(p_r - p_e)}{2(1-\theta)}, \dfrac{(1-\gamma)(p_r - p_e)}{1-\theta}, \dfrac{p_r - p_e}{1-\theta}\right\}$

且 $v > \frac{(2-\gamma)p_r}{2}$ 时，消费者会选择第四种购买方式。由此可以进一步得到消费者在情景 S 下的最优购买决策，如引理 3.2 所示。

引理 3.2　在情景 S 下，消费者的购买决策如下所示：

（1）若 $p_r \leqslant \frac{2p_e}{2\theta+\gamma-\theta\gamma}$：当 $v \geqslant \frac{(2-\gamma)p_r}{2}$ 时，消费者会选择均在线下渠道购买；当 $v < \frac{(2-\gamma)p_r}{2}$ 时，消费者选择不购买。

（2）若 $\frac{2p_e}{2\theta+\gamma-\theta\gamma} < p_r \leqslant \frac{p_e(2-\gamma-\theta\gamma)}{2\theta(1-\gamma)}$：

当 $v \geqslant \frac{p_r-p_e}{1-\theta}$ 时，消费者会选择均在线下渠道购买；当 $\frac{p_r-\gamma p_r+p_e}{1+\theta} \leqslant v < \frac{p_r-p_e}{1-\theta}$ 时，消费者会在第二阶段转向线上渠道购买；当 $v < \frac{p_r-\gamma p_r+p_e}{1+\theta}$ 时，消费者选择不购买。

（3）若 $p_r > \frac{p_e(2-\gamma-\theta\gamma)}{2\theta(1-\gamma)}$：当 $v \geqslant \frac{p_r-p_e}{1-\theta}$ 时，消费者会选择均在线下渠道购买；当 $\frac{(1-\gamma)(p_r-p_e)}{(1-\theta)} \leqslant v < \frac{p_r-p_e}{1-\theta}$ 时，消费者会在第二阶段转向在线上渠道购买；当 $\frac{(2-\gamma)p_e}{2\theta} \leqslant v < \frac{(1-\gamma)(p_r-p_e)}{(1-\theta)}$ 时，消费者会选择均在线上渠道购买；当 $v < \frac{(2-\gamma)p_e}{2\theta}$，消费者选择不购买。

由引理 3.2（1）可以发现，当产品零售价很低时，消费者仅会选择在线下渠道购买产品，而线上渠道则会成为线下渠道的一个展厅。当会员积分所能兑换的折扣比例越高时，阈值 $\frac{(2-\gamma)p_r}{2}$ 也会随之增加，这表明当会员积分能够为消费者带来更高的优惠时，愿意在线下渠道重复购买的消费者也会增加。引理 3.2（2）和（3）表明当产品零售价上涨时，存在部分消费者在第二阶段改变购买渠道，即全渠道会员的引入使得线上渠道和线下渠道在第二阶段存在竞争。

此外，由引理 3.2 可以发现会员体系共享会使得部分在第一阶段选择在线下购买产品的消费者在第二阶段转向在线上渠道购买，但是这样的共享制度不足以吸引原本在线上渠道购买的消费者在第二阶段转向线下购买，即没有消费者会选择上述提到的第二种购买方式。这两种购物方式最大的区别在于消费者在第二次购买时所能获得的抵扣金额，即当消费者在第二阶段转向在线下（线上）渠道购买时，所获得的抵扣金额为 γp_r（γp_e）。当产品的直销价比零售价高时，消费者会选择在线下渠道进行复购。在这种情况下，消费者不仅能获得更好的购物体验，在复购时可以享受会员积分带来的优惠。当产品的直销价比零售价低时，对于在线下渠道购买产品的消费者而言，他们可以获得比在线上渠道更多的积分。因此，若消费者在第一阶段选择在线上渠道购买，他们不会在第二阶段转向线下渠道。这一结果也表明全渠道会员制度能够吸引部分线下消费者在复购时选择线上渠道。

由引理 3.2 可以进一步得到线上渠道和线下渠道在两个阶段的需求函数，如下所示：

$$d_r^S = d_{r1}^S + d_{r2}^S =$$

$$\begin{cases} \left[1 - \dfrac{(2-\gamma)p_r}{2}\right] + \left[1 - \dfrac{(2-\gamma)p_r}{2}\right], & \text{当 } p_r \leqslant \dfrac{2p_e}{2\theta + \gamma - \theta\gamma} \text{ 时,} \\ \left[1 - \dfrac{p_r - \gamma p_r + p_e}{1 + \theta}\right] + \left[1 - \dfrac{p_r - p_e}{1 - \theta}\right], & \text{当 } \dfrac{2p_e}{2\theta + \gamma - \theta\gamma} < p_r \leqslant \dfrac{p_e(2 - \gamma - \theta\gamma)}{2\theta(1 - \gamma)} \text{ 时,} \\ \left[1 - \dfrac{(1-\gamma)(p_r - p_e)}{(1-\theta)}\right] + \left[1 - \dfrac{p_r - p_e}{1 - \theta}\right], & \text{当 } p_r > \dfrac{p_e(2 - \gamma - \theta\gamma)}{2\theta(1 - \gamma)} \text{ 时,} \end{cases}$$

(3.5)

$$d_e^S = d_{e1}^S + d_{re}^S + d_{e2}^S =$$

$$\begin{cases} 0+0+0, \text{当} p_r \leqslant \dfrac{2p_e}{2\theta+\gamma-\theta\gamma} \text{时,} \\ \left[\dfrac{p_r-p_e}{1-\theta}-\dfrac{p_r-\gamma p_r+p_e}{1+\theta}\right]+0, \text{当} \dfrac{2p_e}{2\theta+\gamma-\theta\gamma}<p_r\leqslant\dfrac{p_e(2-\gamma-\theta\gamma)}{2\theta(1-\gamma)} \text{时,} \\ 2\left[\dfrac{(1-\gamma)(p_r-p_e)}{(1-\theta)}-\dfrac{(2-\gamma)p_e}{2\theta}\right]+\left[\dfrac{p_r-p_e}{1-\theta}-\dfrac{(1-\gamma)(p_r-p_e)}{(1-\theta)}\right] \text{时,} \\ \text{当} p_r>\dfrac{p_e(2-\gamma-\theta\gamma)}{2\theta(1-\gamma)}. \end{cases}$$

(3.6)

基于上述的渠道需求函数，可以得到制造商和零售商在情景 S 下的收益函数，如下所示：

$$\Pi_m^S = (w-c)(d_{r1}^S+d_{r2}^S)+(p_e-c)d_{e1}^S+(p_e-c-\gamma p_r)d_{re}^S$$
$$+[(1-\gamma)p_e-c]d_{e2}^S \qquad (3.7)$$

$$\Pi_r^S = (p_r-w)d_{r1}^S+[(1-\gamma)p_r-w]d_{r2}^S \qquad (3.8)$$

通过逆序求解，可得渠道成员在情景 S 下的均衡决策，如定理 3.2 所示。

定理 3.2 在情景 S 下，制造商和零售商的均衡解如表 3.3 所示，且概括如下：(1) 若 $c \leqslant C_0$，线上和线下渠道的需求均大于 0，且存在线下消费者在第二阶段选择线上渠道，即 $d_r^S>0, d_e^S>0$，且 $d_{re}^S>0$；(2) 若 $C_0<c \leqslant C_1$，仅线下渠道需求大于 0，且线下消费者在第二阶段选择线上渠道，即 $d_r^S>0, d_e^S=0$，且 $d_{re}^S>0$；(3) 若 $c>C_1$，仅线下渠道需求大于 0，即 $d_r^S>0, d_e^S=0$，且 $d_{re}^S=0$。其中 $C_0 = \dfrac{4\theta-12\theta\gamma+9\theta\gamma^2-\theta\gamma^3}{(2-\gamma)^3}$，$C_1 = \dfrac{(1+\theta)\{4\theta(2-\gamma)(1-\gamma)+\theta^2(2-\gamma)^2\gamma-\gamma[8-(8-\gamma)\gamma]\}}{(2-\gamma+\theta\gamma)[8+\theta(2-\gamma)^2-(8-\gamma)\gamma]}$。

表 3.3 情景 S 下的均衡解

均衡解	若 $c \leqslant C_0$	若 $C_0 < c \leqslant C_1$	若 $c > C_1$
w_r^{S*}	$\dfrac{1}{(2-\gamma)^4} \cdot \{8+2c(2-\gamma)^2(1-\gamma)-16\gamma+(2+6\theta)\gamma^2+6(1-\theta)\gamma^3-(1-\theta)\gamma^4\}$	$\dfrac{1}{2(2-\gamma)[8-8\gamma+(1-\theta^2)\gamma^2]} \cdot \{16-4(6+3\theta-\theta^3)\gamma+2(5+6\theta-\theta^2-2\theta^3)\gamma^2-(1-\theta)(1+\theta)^2\gamma^3+2c(8-2(4+\theta+\theta^2)\gamma+(1+\theta)^2\gamma^2)\}$	$\dfrac{4(1-\gamma)+c(2-\gamma)[2-(1-\theta)\gamma]}{2(2-\gamma)(2-(1-\theta)\gamma)}$
p_c^{S*}	$\dfrac{c(2-\gamma)^2+4\theta(1-\gamma)}{(2-\gamma)^3}$	$\dfrac{1}{2(2-\gamma)[8-8\gamma+(1-\theta^2)\gamma^2]} \cdot \{-3\theta^2(2-\gamma)^2\gamma-3\theta^3(2-\gamma)\gamma^2+\gamma(20-20\gamma+3\gamma^2)+2c[8-2(5-3\theta)\gamma+(3-4\theta+\theta^2)\gamma^2]+\theta(16-24\gamma+14\gamma^2-3\gamma^3)\}$	$\dfrac{1}{2(2-\gamma)[8-\theta^2(2-\gamma)^2-8\gamma+\gamma^2]} \cdot \{[\theta(2-\gamma)+\gamma][c(2-\gamma)(2-(1-\theta)\gamma)+2(6-\theta^2-\gamma)\gamma]-\gamma+\gamma](c(2-\gamma)^2-8\gamma+\gamma^2)(2-\gamma)^2-6\gamma+\gamma^2)\}$
p_r^{S*}	$\dfrac{1}{2(2-\gamma)^3} \cdot \{12+2c(2-\gamma)^2-\theta(2-\gamma)^2-12\gamma+\gamma^2\}$	$\dfrac{1}{(2-\gamma)[8-8\gamma+(1-\theta^2)\gamma^2]} \cdot \{12(1-\gamma)+c(1+\theta)(2-\gamma)[2-(1-\theta)\gamma]-[\theta(2-\gamma)+\gamma][2\theta-(2-\theta)(1+\theta\gamma)]\}$	$\dfrac{1}{(2-\gamma)[8-\theta^2(2-\gamma)^2-8\gamma+\gamma^2]} \cdot \{c(2-\gamma)[2-(1-\theta)\gamma]+2[6-\theta^2(2-\gamma)^2-6\gamma+\gamma^2]\}$

证明：在第二阶段，零售商制订产品零售价。将需求函数分别代入零售商的收益函数可以得到：

(1) 当 $p_r \leqslant \dfrac{2p_e}{2\theta+\gamma-\theta\gamma}$ 时，$\Pi_r^{S(1)} = (p_r - w)\left[1 - \dfrac{(2-\gamma)p_r}{2}\right] + [(1-\gamma)p_r - w]\left[1 - \dfrac{(2-\gamma)p_r}{2}\right]$；

(2) 当 $\dfrac{2p_e}{2\theta+\gamma-\theta\gamma} < p_r \leqslant \dfrac{p_e(2-\gamma-\theta\gamma)}{2\theta(1-\gamma)}$ 时，$\Pi_r^{S(2)} = (p_r - w)\left[1 - \dfrac{p_r - \gamma p_r + p_e}{1+\theta}\right] + [(1-\gamma)p_r - w]\left[1 - \dfrac{p_r - p_e}{1-\theta}\right]$；当 $p_r > \dfrac{p_e(2-\gamma-\theta\gamma)}{2\theta(1-\gamma)}$ 时，$\Pi_r^{S(3)} = (p_r - w)\left[1 - \dfrac{(1-\gamma)(p_r - p_e)}{(1-\theta)}\right] + [(1-\gamma)p_r - w]\left[1 - \dfrac{p_r - p_e}{1-\theta}\right]$。接下来，本书将通过KKT条件求解的方法对零售商的最优决策问题进行求解。

首先，考虑在第一种情形下零售商的最优决策。对 $\Pi_r^{S(1)}$ 关于 p_r 求一阶偏导数和二阶偏导数，可得 $\dfrac{\partial^2 \Pi_r^{S(1)}}{\partial (p_r)^2} = -(2-\gamma)^2 < 0$，即存在最优解。

令 $\dfrac{\partial \Pi_r^{S(1)}}{\partial p_r} = 0$，可以得到局部最优解为：

若 $w \leqslant \dfrac{2p_e(2-\gamma) - \theta(2-\gamma) - \gamma}{\theta(2-\gamma)+\gamma}$，则 $p_r(w) = \dfrac{1+w}{2-\gamma}$；若 $w > \dfrac{2p_e(2-\gamma) - \theta(2-\gamma) - \gamma}{\theta(2-\gamma)+\gamma}$，则 $p_r(p_e) = \dfrac{2p_e}{2\theta+\gamma-\theta\gamma}$。

其次，考虑在第二种情形下零售商的最优决策。对 $\Pi_r^{S(2)}$ 关于 p_r 求一阶偏导数和二阶偏导数，可得 $\dfrac{\partial^2 \Pi_r^{S(2)}}{\partial (p_r)^2} = -\dfrac{4(1-\gamma)}{1-\theta^2} < 0$，即存在最优解。令 $\dfrac{\partial \Pi_r^{S(2)}}{\partial p_r} = 0$，可以得到局部最优解为：

若 $w < \dfrac{p_e[8-\theta^2(2-\gamma)^2-8\gamma+\gamma^2]-(1-\theta^2)[\theta(2-\gamma)+\gamma](2-\gamma)}{(2-\gamma)\gamma+\theta^2(2-\gamma)\gamma+2\theta(2-2\gamma+\gamma^2)}$,

则 $p_r(p_e) = \dfrac{2p_e}{2\theta+\gamma-\theta\gamma}$；

若 $\dfrac{p_e[8-\theta^2(2-\gamma)^2-8\gamma+\gamma^2]-(1-\theta^2)[\theta(2-\gamma)+\gamma](2-\gamma)}{(2-\gamma)\gamma+\theta^2(2-\gamma)\gamma+2\theta(2-2\gamma+\gamma^2)}$

$\leqslant w \leqslant \dfrac{p_e[4-\theta^2(2-\gamma)+2\gamma+\theta\gamma]-\theta(1-\theta^2)(2-\gamma)}{\theta[2-(1-\theta)\gamma]}$,

则 $p_r(p_e, w) = \dfrac{(1+w)(2-\gamma)+\theta\gamma w+p_e[\theta(2-\gamma)-\gamma]-\theta^2(2-\gamma)}{4(1-\gamma)}$；

若 $w > \dfrac{p_e[4-\theta^2(2-\gamma)+2\gamma+\theta\gamma]-\theta(1-\theta^2)(2-\gamma)}{\theta[2-(1-\theta)\gamma]}$,

则 $p_r(p_e) = \dfrac{p_e(2-\gamma-\theta\gamma)}{2\theta(1-\gamma)}$。

最后，考虑第三种情形下零售商的最优决策。对 $\Pi_r^{S(3)}$ 关于 p_r 求一阶偏导数和二阶偏导数，可得 $\dfrac{\partial^2 \Pi_r^{S(3)}}{\partial (p_r)^2} = -\dfrac{4(1-\gamma)}{1-\theta} < 0$，即存在最优解。令 $\dfrac{\partial \Pi_r^{S(3)}}{\partial p_r} = 0$，可以得到局部最优解为：

若 $w \geqslant \dfrac{2p_e(2-\theta-\gamma)-(1-\theta)\theta(2-\gamma)}{\theta(2-\gamma)}$,

则 $p_r(p_e, w) = \dfrac{(1-\theta+w)(2-\gamma)+2p_e(1-\gamma)}{4(1-\gamma)}$；

若 $w < \dfrac{2p_e(2-\theta-\gamma)-(1-\theta)\theta(2-\gamma)}{\theta(2-\gamma)}$,

则 $p_r(p_e) = \dfrac{p_e(2-\gamma-\theta\gamma)}{2\theta(1-\gamma)}$。

通过比较上述阈值，可得

$$\dfrac{2p_e(2-\theta-\gamma)-(1-\theta)\theta(2-\gamma)}{\theta(2-\gamma)}$$

$$> \frac{p_e(4-\theta^2(2-\gamma)+2\gamma+\theta\gamma)-\theta(1-\theta^2)(2-\gamma)}{\theta[2-(1-\theta)\gamma]}$$

$$> \frac{p_e[8-\theta^2(2-\gamma)^2-8\gamma+\gamma^2]-(1-\theta^2)[\theta(2-\gamma)+\gamma](2-\gamma)}{(2-\gamma)\gamma+\theta^2(2-\gamma)\gamma+2\theta(2-2\gamma+\gamma^2)}$$

$$> \frac{2p_e(2-\gamma)-\theta(2-\gamma)-\gamma}{\theta(2-\gamma)+\gamma}.$$

进一步地，本书将分析零售商决策的全局最优解。

当 $w \leqslant \dfrac{2p_e(2-\gamma)-\theta(2-\gamma)-\gamma}{\theta(2-\gamma)+\gamma}$ 时，通过比较 $\Pi_r^{S(1)}$ 和 $\Pi_r^{S(2)}$，可以得到 $\Pi_r^{S(1)} > \Pi_r^{S(2)}$。

因此，零售商的最优反应函数为 $p_r(w) = \dfrac{1+w}{2-\gamma}$；

当 $\dfrac{2p_e(2-\gamma)-\theta(2-\gamma)-\gamma}{\theta(2-\gamma)+\gamma} < w <$

$$\frac{p_e[8-\theta^2(2-\gamma)^2-8\gamma+\gamma^2]-(1-\theta^2)[\theta(2-\gamma)+\gamma](2-\gamma)}{(2-\gamma)\gamma+\theta^2(2-\gamma)\gamma+2\theta(2-2\gamma+\gamma^2)}$$ 时，

通过比较 $\Pi_r^{S(1)}$ 和 $\Pi_r^{S(2)}$，可以得到 $\Pi_r^{S(1)} > \Pi_r^{S(2)}$。

因此，零售商的最优反应函数为 $p_r(p_e) = \dfrac{2p_e}{2\theta+\gamma-\theta\gamma}$；

当 $\dfrac{p_e[8-\theta^2(2-\gamma)^2-8\gamma+\gamma^2]-(1-\theta^2)[\theta(2-\gamma)+\gamma](2-\gamma)}{(2-\gamma)\gamma+\theta^2(2-\gamma)\gamma+2\theta(2-2\gamma+\gamma^2)} \leqslant$

$w \leqslant \dfrac{p_e[4-\theta^2(2-\gamma)+2\gamma+\theta\gamma]-\theta(1-\theta^2)(2-\gamma)}{\theta[2-(1-\theta)\gamma]}$ 时，通过比较

$\Pi_r^{S(2)}$ 和 $\Pi_r^{S(3)}$，可以得到 $\Pi_r^{S(2)} > \Pi_r^{S(3)}$。

因此，零售商的最优反应函数为

$$p_r = \frac{(1+w)(2-\gamma)+\theta\gamma w+p_e[\theta(2-\gamma)-\gamma]-\theta^2(2-\gamma)}{4(1-\gamma)};$$

当 $w \geqslant \dfrac{2p_e(2-\theta-\gamma)-(1-\theta)\theta(2-\gamma)}{\theta(2-\gamma)}$ 时，通过比较 $\Pi_r^{S(2)}$ 和 $\Pi_r^{S(3)}$，可以得到 $\Pi_r^{S(2)} < \Pi_r^{S(3)}$。

因此，零售商的最优反应函数为

$$p_r(p_e, w) = \frac{(1-\theta+w)(2-\gamma)+2p_e(1-\gamma)}{4(1-\gamma)}。$$

在第一阶段，制造商决策产品直销价和批发价，将上述零售商的最优反应函数代入制造商的收益函数中。与第二阶段的求解逻辑相同，可以得到制造商的最优决策为：

若 $c \leqslant C_0$，则 $p_e^{S*} = \dfrac{c(2-\gamma)^2+4\theta(1-\gamma)}{(2-\gamma)^3}$，

$$w^{S*} = \frac{8+2c(2-\gamma)^2(1-\gamma)-16\gamma+(2+6\theta)\gamma^2+6(1-\theta)\gamma^3-(1-\theta)\gamma^4}{(2-\gamma)^4};$$

若 $C_0 < c \leqslant C_1$，则 $p_e^{S*} =$

$$\frac{-3\theta^2(2-\gamma)^2\gamma-3\theta^3(2-\gamma)\gamma^2+\gamma(20-20\gamma+3\gamma^2)+2c[8-2(5-3\theta)\gamma+(3-4\theta+\theta^2)\gamma^2]+\theta(16-24\gamma+14\gamma^2-3\gamma^3)}{2(2-\gamma)[8-8\gamma+(1-\theta^2)\gamma^2]},$$

$$w^{S*} = \frac{16-4(6+3\theta-\theta^3)\gamma+2(5+6\theta-\theta^2-2\theta^3)\gamma^2-(1-\theta)(1+\theta)^2\gamma^3+2c[8-2(4+\theta+\theta^2)\gamma+(1+\theta)^2\gamma^2]}{2(2-\gamma)[8-8\gamma+(1-\theta^2)\gamma^2]};$$

若 $c > C_1$，$p_e^{S*} =$

$$\frac{[\theta(2-\gamma)+\gamma][c(2-\gamma)(2-(1-\theta)\gamma)]+2[6-\theta^2(2-\gamma)^2-6\gamma+\gamma^2]}{2(2-\gamma)[8-\theta^2(2-\gamma)^2-8\gamma+\gamma^2]},$$

$$w^{S*} = \frac{4(1-\gamma)+c(2-\gamma)[2-(1-\theta)\gamma]}{2(2-\gamma)[2-(1-\theta)\gamma]}。$$

将 w^{S*} 和 p_e^{S*} 代入 $p_r(w, p_e)$ 可以得到 p_r^{S*}；再将上述最优决策分别代入制造商和零售商的收益函数中，可以得到定理 3.2。证毕。

如图 3.2 所示，在制造商与零售商共享会员体系后，可能会出现定理 3.2 中的三种均衡解，分别对应图 3.2 中的三块区域。如图 3.2 的区域（Ⅰ）所示，当产品的单位成本很低，即 $c \leqslant C_0$ 时，线上渠道和线下渠道均会有重复购买者；同时也存在一些在第一阶段选择线下渠道的消费者，在第二阶段的过程选择在线上渠道购买。在这种情况下，制造商会制订一个较高的批发价，从而导致零售商也会相应地抬高产品的零售价。在第一次购买时，部分消费者会因为线下渠道的产品零售价较高

而选择在线上渠道购买。与此同时，全渠道会员制度的存在也使得部分线下消费者在第二次购买时选择在线上渠道购买产品。当产品的单位成本适中时，即 $C_0 < c \leqslant C_1$（如图3.2的区域（Ⅱ）所示），零售商也会降低产品价格到

$$p_r^{S*} = \frac{12(1-\gamma)+c(1+\theta)(2-\gamma)[2-(1-\theta)\gamma]-[\theta(2-\gamma)+\gamma][2\theta-(2-\theta)(1+\theta)\gamma]}{(2-\gamma)[8-8\gamma+(1-\theta^2)\gamma^2]},$$

从而吸引所有的消费者在第一阶段均选择在线下渠道购买产品。在这种情况下，尽管没有消费者在第一阶段会选择线上渠道，但是由于线上线下会员体系的共享，使得部分原本在线下渠道购买产品的消费者在第二阶段选择线上渠道。当产品的单位成本很高时，即 $c > C_1$（如图3.2的区域（Ⅲ）所示），制造商会制订一个很低的批发价，零售商则会制订一个很低的产品零售价以此来榨干选择线上渠道购买产品的消费者剩余。因此在这种情况下，消费者在第一、二阶段的购买中均会选择在线下渠道购买产品。这一结果也表明，对于成本较高的产品而言，线上线下会员体系的共享能够有效地阻止消费者的跨渠道购买行为。

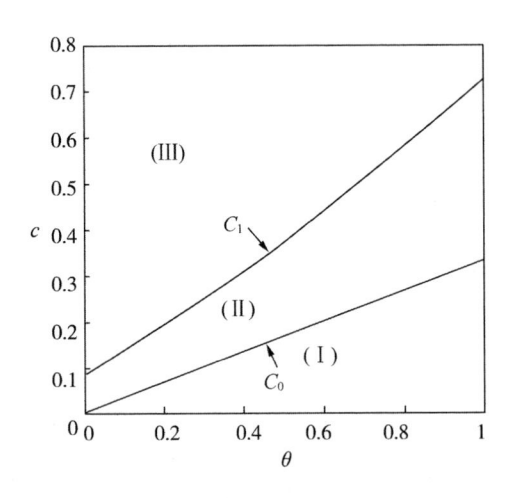

图3.2 情景S下的均衡解示意图（$\gamma = 0.2$）

由定理 3.2 可以得知，当 $c \leqslant C_1$ 时，线下线上渠道的会员体系共享能够吸引消费者在第二次购买产品时会选择跨渠道购买。这也表明当产品的单位成本较低时，会员共享制度下吸引消费者跨渠道购买的作用更加显著。进一步地，从图 3.2 可以发现，随着 θ 增加，阈值 C_1 也会随着增加。这表明当线上渠道的接受程度增加，消费者们倾向于跨渠道购买产品，也就意味着渠道间的竞争也会变得更加激烈。此外可以发现，随着会员积分能够为消费者带来的折扣（γ）越大时，阈值 C_1 也会随之增加，即 $\frac{\partial C_1}{\partial \gamma} < 0$。这意味着图 3.2 中的区域 III 的面积会变大。这表明当积分能够为消费者带来的折扣力度越大时，消费者更愿意在两个阶段均选择同一渠道。换言之，在会员制度提供的折扣力度较高时，消费者会愿意在一个渠道上复购。因此，对于处于全渠道零售环境下的企业而言，适当地增加会员积分的兑换力度能够有效地减少消费者的流失。

3.4　对比分析

通过比较情景 N 和 S 下的均衡解，本节将进一步分析线下渠道与线上渠道的会员体系共享对渠道成员的定价，收益以及消费者的影响。

3.4.1　价格和需求分析

通过比较情景 N 和 S 下制造商和零售商的定价决策，以及线上和线下渠道的需求，可以得到定理 3.3 和 3.4，如下所示。

定理 3.3

（1）会员体系共享会促使制造商制订更低的批发价；若 $c \leqslant C_0$，

制造商会制订更低的直销价。

(2) 若 $c \leqslant C_0$，或 $\gamma \leqslant \dfrac{-4\theta + 3\theta^2 + \sqrt{4\theta - 4\theta^3 + \theta^4}}{1 - 3\theta + 2\theta^2}$

且 $c > \dfrac{\theta^2(2-\gamma)^2 - 4\theta(1-\gamma) - \gamma^2}{\gamma^2 + \theta(-4 + 8\gamma - 3\gamma^2) + 2\theta^2(2 - 3\gamma + \gamma^2)}$，

会员体系共享会促使零售商制订更低的零售价。

证明：首先，进行批发价的比较。

(1) 在 $c \leqslant C_0$ 情形下，易得 $w^{S*} < w^{N*}$；在 $C_0 < c \leqslant C_1$ 情形下，

若 $c \geqslant \dfrac{\theta[-12 + \theta^2(2-\gamma)^2 + 12\gamma - \gamma^2]}{-8 + \theta^2(2-\gamma)^2 - 4\theta(-1+\gamma) + 8\gamma - \gamma^2}$，

有 $w^{S*} > w^{N*}$，

且 $\dfrac{\theta[-12 + \theta^2(2-\gamma)^2 + 12\gamma - \gamma^2]}{-8 + \theta^2(2-\gamma)^2 - 4\theta(-1+\gamma) + 8\gamma - \gamma^2} > C_1$。

因此，$w^{S*} < w^{N*}$；

(2) 在 $c > C_1$ 情形下，易得 $w^{S*} < w^{N*}$。综上可得，$w^{S*} < w^{N*}$。

其次，进行产品直销价的比较。

(1) 在 $c \leqslant C_0$ 情形下，易得 $p_e^{S*} < p_e^{N*}$；

(2) 在 $C_0 < c \leqslant C_1$ 情形下，若 $\gamma > \dfrac{1-3\theta}{(1-\theta)^2}$，或 $\gamma \leqslant \dfrac{1-3\theta}{(1-\theta)^2}$

且 $c < \dfrac{(1-\theta)(-20 - 12\theta + 20\gamma + 8\theta\gamma - 4\theta^2\gamma - 3\gamma^2 + 3\theta^2\gamma^2)}{4(-1 + 3\theta + \gamma - 2\theta\gamma + \theta^2\gamma)}$，

有 $p_e^{S*} > p_e^{N*}$，

且 $\dfrac{(1-\theta)(-20 - 12\theta + 20\gamma + 8\theta\gamma - 4\theta^2\gamma - 3\gamma^2 + 3\theta^2\gamma^2)}{4(-1 + 3\theta + \gamma - 2\theta\gamma + \theta^2\gamma)} > C_1$。

因此，在 $C_0 < c \leqslant C_1$ 情形下，$p_e^{S*} > p_e^{N*}$；

(3) 在 $C_1 < c \leqslant \dfrac{\theta}{2}$ 情形下,

若 $c < \dfrac{2(-1+\theta)\{\theta(2-\gamma)^2 + \theta^2(2-\gamma)^2(1-\gamma) + \gamma[6-(6-\gamma)\gamma]\}}{-16 + \theta^2(2-\gamma)^2(2+\gamma) + \gamma(20-(6-\gamma)\gamma) + 2\theta(2-\gamma)(2+(-2+\gamma)\gamma)}$,

有 $p_e^{S*} > p_e^{N*}$,

且 $\dfrac{2(-1+\theta)\{\theta(2-\gamma)^2 + \theta^2(2-\gamma)^2(1-\gamma) + \gamma[6-(6-\gamma)\gamma]\}}{-16 + \theta^2(2-\gamma)^2(2+\gamma) + \gamma(20-(6-\gamma)\gamma) + 2\theta(2-\gamma)(2+(-2+\gamma)\gamma)} > \dfrac{\theta}{2}$。

因此,$p_e^{S*} > p_e^{N*}$;

(4) 在 $c > \dfrac{\theta}{2}$ 情形下,

若 $c > \dfrac{2(-1+\theta)\{-\theta^3(2-\gamma)^2\gamma + \theta(6-\gamma)(1-\gamma)\gamma + \theta^2(2-\gamma)^2(-1+2\gamma) - 2\gamma[6+(-6+\gamma)\gamma]\}}{\theta^3(-2+\gamma)^3 + 4\theta^2(2-\gamma)(1-\gamma)^2 - 2(2-\gamma)^2\gamma + \theta\gamma[12+\gamma(-18+5\gamma)]}$,有

$p_e^{S*} > p_e^{N*}$,

且 $\dfrac{2(-1+\theta)\{-\theta^3(2-\gamma)^2\gamma + \theta(6-\gamma)(1-\gamma)\gamma + \theta^2(2-\gamma)^2(-1+2\gamma) - 2\gamma[6+(-6+\gamma)\gamma]\}}{\theta^3(-2+\gamma)^3 + 4\theta^2(2-\gamma)(1-\gamma)^2 - 2(2-\gamma)^2\gamma + \theta\gamma[12+\gamma(-18+5\gamma)]} < \dfrac{\theta}{2}$。

因此,$p_e^{S*} > p_e^{N*}$。

最后,进行产品零售价的比较。

(1) 在 $c \leqslant C_0$ 情形下,易得 $p_r^{S*} < p_r^{N*}$;

(2) 在 $C_0 < c \leqslant C_1$ 情形下,

若 $\gamma < \dfrac{2(1-\theta)}{2-\theta+\theta^2}$

且 $c < \dfrac{(1-\theta)(-8\theta + 4\theta\gamma - 4\theta^2\gamma - \gamma^2 + \theta^2\gamma^2)}{4(-2+2\theta+2\gamma-\theta\gamma+\theta^2\gamma)}$,

或 $\gamma \geqslant \dfrac{2(1-\theta)}{2-\theta+\theta^2}$,有 $p_r^{S*} > p_r^{N*}$,

且易得 $\dfrac{(1-\theta)(-8\theta + 4\theta\gamma - 4\theta^2\gamma - \gamma^2 + \theta^2\gamma^2)}{4(-2+2\theta+2\gamma-\theta\gamma+\theta^2\gamma)} > C_1$。

因此,有 $p_r^{S*} > p_r^{N*}$;

(3) 在 $C_1 < c \leq \dfrac{\theta}{2}$ 情形下,

若 $\gamma \leq \dfrac{2+\theta-2\theta^2-\sqrt{4-3\theta^2}}{\theta-\theta^2}$

且 $c < \dfrac{(-1+\theta)(8\theta+4\theta^2-8\theta\gamma-4\theta^2\gamma+\gamma^2+2\theta\gamma^2+\theta^2\gamma^2)}{2(-4+4\theta^2+4\gamma+2\theta\gamma-4\theta^2\gamma-\theta\gamma^2+\theta^2\gamma^2)}$,

或 $\gamma > \dfrac{2+\theta-2\theta^2-\sqrt{4-3\theta^2}}{\theta-\theta^2}$,有 $p_r^{S*} > p_r^{N*}$,

且易得 $\dfrac{(-1+\theta)(8\theta+4\theta^2-8\theta\gamma-4\theta^2\gamma+\gamma^2+2\theta\gamma^2+\theta^2\gamma^2)}{2(-4+4\theta^2+4\gamma+2\theta\gamma-4\theta^2\gamma-\theta\gamma^2+\theta^2\gamma^2)} > \dfrac{\theta}{2}$。

因此,有 $p_r^{S*} > p_r^{N*}$;

(4) 在 $c > \dfrac{\theta}{2}$ 情形下,

若 $\gamma \leq \dfrac{-4\theta+3\theta^2+\sqrt{4\theta-4\theta^3+\theta^4}}{1-3\theta+2\theta^2}$

且 $c < \dfrac{\theta^2(2-\gamma)^2-4\theta(1-\gamma)-\gamma^2}{\gamma^2+\theta(-4+8\gamma-3\gamma^2)+2\theta^2(2-3\gamma+\gamma^2)}$,

或 $\gamma > \dfrac{-4\theta+3\theta^2+\sqrt{4\theta-4\theta^3+\theta^4}}{1-3\theta+2\theta^2}$,有 $p_r^{S*} > p_r^{N*}$,

且易得 $\dfrac{\theta^2(2-\gamma)^2-4\theta(1-\gamma)-\gamma^2}{\gamma^2+\theta(-4+8\gamma-3\gamma^2)+2\theta^2(2-3\gamma+\gamma^2)} > \dfrac{\theta}{2}$。

因此,当 $\gamma \leq \dfrac{-4\theta+3\theta^2+\sqrt{4\theta-4\theta^3+\theta^4}}{1-3\theta+2\theta^2}$

且 $\dfrac{\theta}{2} < c \leq \dfrac{\theta^2(2-\gamma)^2-4\theta(1-\gamma)-\gamma^2}{\gamma^2+\theta(-4+8\gamma-3\gamma^2)+2\theta^2(2-3\gamma+\gamma^2)}$,

或 $\gamma > \dfrac{-4\theta+3\theta^2+\sqrt{4\theta-4\theta^3+\theta^4}}{1-3\theta+2\theta^2}$ 时,有 $p_r^{S*} > p_r^{N*}$;反之,$p_r^{S*} \leq p_r^{N*}$。由此,可以得到定理 3.3。证毕。

由定理 3.3 可以发现,当线上渠道和线下渠道共享他们的会员体系，即消费者可以在线上渠道或者线下渠道均享受会员权益时，会使得产品批发价降低，这也意味着会员体系的共享在一定程度上能够缓解双重边际效应递减的问题。与此同时，当产品的单位成本较低时，即 $c \leqslant C_0$，产品直销价也会降低，如图 3.3（2）所示。在 3.3.2 节的定理 3.2 中，可以得到当 $c \leqslant C_0$（对应图 3.2 的区域 I）时，线上线下渠道上均会有复购者，且存在部分线下消费者在第二阶段转向在线上渠道购买。这表明线上会员与线下会员的结合为线上渠道在第二阶段吸引到了新的消费者。在这种情况下，线上渠道和线下渠道的竞争变得更加激烈。因此制造商和零售商均会降低他们的产品售价。

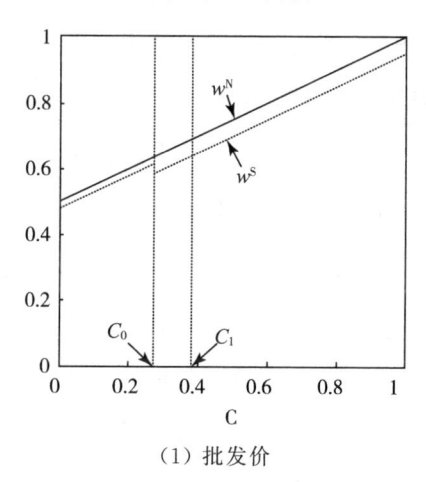

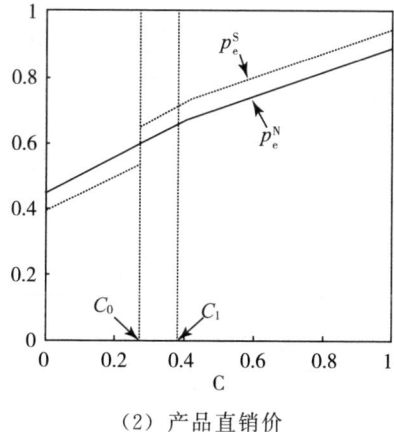

（1）批发价

（2）产品直销价

(3) 产品零售价

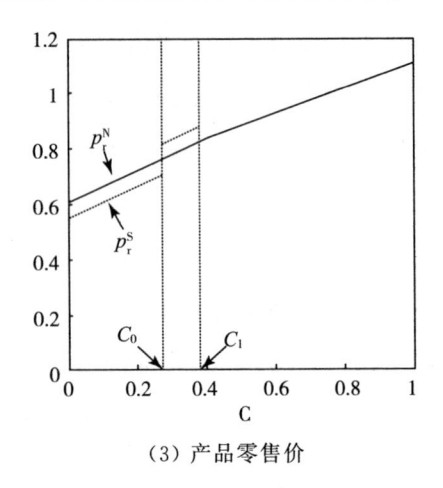

图 3.3　情景 N 和 S 下的均衡价格 ($\theta = 0.8$, $\gamma = 0.2$)

当产品的单位成本适中时，即 $C_0 < c \leqslant C_1$，制造商会抬高产品直销价。根据引理 3.2 的结果可以得知，在这种情况下，会员体系共享依然会吸引部分线下消费者在第二阶段的购买过程中转向选择线上渠道；但是在第一阶段时，没有消费者会选择在线上渠道购买，即线上渠道成了线上渠道的线上展厅。此时，线上渠道的客户主要来源于第一阶段选择线下渠道的消费者。由于会员共享制度的存在，制造商必须为这群消费者提供会员折扣，这也就意味着制造商的直销边际收益会减少。因此，制造商会抬高产品直销价，从而获得更高的收益。与此同时，由于策略消费者的存在，即部分线下消费者会选择在第二阶段转向线上渠道，线上渠道和线下渠道之间依然存在竞争。但是定理 3.2 的结果表明，零售商也会增加产品的零售价。这主要由两方面原因造成。首先，当零售商制订更高的产品零售价时，消费者可以从复购中获得更高的会员优惠，这也就进一步刺激了消费者进行第二次购买；其次，当消费者在第二次购买中能够获得更高的会员折扣时，也意味着零售商的利润会减少。因此零售商有动机去提高产品零售价，以此榨取更多的消费者剩余。

当产品单位成本很高（$c > C_1$）时，制造商的直销渠道不仅成了线下渠道的线上展厅，而且在第二阶段也不存在消费者因会员体系共享而选择线上渠道，这也说明全渠道会员所带来的需求转移效应将会消失。正如图3.2的区域Ⅲ所示，在这种情况下，所有的消费者不仅会在第一阶段选择在线下渠道购买，在复购阶段依然会选择线下渠道。此时，线上渠道与线下渠道之间不存在竞争，且零售商的定价决策主要会受会员积分所带来的优惠折扣和产品成本的影响。具体来说，当会员折扣力度较低且产品成本很高时，全渠道会员制度会使得零售商制订一个更低的产品零售价。

定理3.4

(1) 当 $c < \dfrac{(1+\theta)\gamma[8\theta(1-\gamma)-(1-\theta^2)(2-\gamma)\gamma]}{2[8-2(2-\gamma)(3-\theta)\gamma-(1-\theta^2)\gamma^3]}$,

或 $c > \dfrac{\theta^2(2-\gamma)^2+\gamma^2}{2(2-\gamma)[2-(1-\theta)\gamma]}$ 时，会员体系共享会使得线下渠道的需求增加；

(2) 当 $\dfrac{\theta(1+\theta)[16-8\gamma-6\gamma^2+\gamma^3-\theta^2\gamma(8-6\gamma+\gamma^2)-8\theta(2-3\gamma+\gamma^2)]}{2[16-24\gamma-2\theta^3(2-\gamma)\gamma+10\gamma^2-\gamma^3-\theta^2(8-4\gamma-\gamma^3)]}$

$< c \leqslant C_1$ 时，会员体系共享会使得线上渠道的需求增加。

证明：定理3.4证明逻辑与定理3.3相似，故略。证毕。

如定理3.4所示，当制造商引入全渠道会员之后，若产品的单位成本较低或者较高时，线下渠道的需求量会增加。首先，线上线下会员体系的共享会促使制造商降低产品批发价，使得双重边际化效应递减。与此同时，当产品的成本较小时，零售商也会相应地降低产品零售价，如定理3.3所示。在这种情况下，消费者也就更愿意去线下渠道购买产品，进而使得线下渠道的需求增加。然而，当产品的单位成本适中时，虽然制造商依然会制订一个较低的批发价，但是零售商为了获得更高的边际收益，会抬高产品的零售价。因此，线下渠道的需求也会减少。当产品的单位成本较高时，零售商会通过降低产品零售价将制造商的直销渠道挤出市场，从而使得更多的消费者选择在线下渠道购买产品。

此外，定理3.4的结果也表明，仅当产品的单位成本适中时，全渠道会员能够让线上渠道需求增加。

$$当\frac{\theta(1+\theta)[16-8\gamma-6\gamma^2+\gamma^3-\theta^2\gamma(8-6\gamma+\gamma^2)-8\theta(2-3\gamma+\gamma^2)]}{2[16-24\gamma-2\theta^3(2-\gamma)\gamma+10\gamma^2-\gamma^3-\theta^2(8-4\gamma-\gamma^3)]}<c$$

$\leqslant C_1$时，选择在线上渠道购买产品的消费者主要是来自第一阶段的线下消费者。在这种情况下，会员体系共享会使得制造商制订更高的产品直销价，但是会员共享所带来的需求增加效应超过了价格上涨所带来的需求减少效应，最终使得制造商的线上渠道销量增加。

3.4.2 收益分析

通过比较情景N和S下的制造商和零售商的均衡收益，可以得到定理3.5和3.6，如下所示。

定理3.5 当$C_2<c\leqslant\frac{\theta}{2}$，或$c>C_3$时，会员体系共享使得制造商的收益增加，

其中$C_2>C_1$，$C_3>\frac{\theta}{2}$，$\{C_2,C_3\}=\arg\{\Pi_m^{S*}-\Pi_m^{N*}=0\}$。

证明：(1) 在$c\leqslant C_0$情形下，易得$\Pi_m^{S*}<\Pi_m^{N*}$；在$C_0<c\leqslant C_1$，$\Pi_m^{S*}-\Pi_m^{N*}$随着c的增加而增加，且$\Pi_m^{S*}-\Pi_m^{N*}|_{c=C_1}<0$。因此，$\Pi_m^{S*}<\Pi_m^{N*}$；

(2) 在$C_1<c\leqslant\frac{\theta}{2}$下，$\Pi_m^{S*}-\Pi_m^{N*}$随着$c$的增加而增加，且$\Pi_m^{S*}-\Pi_m^{N*}|_{c=C_1}<0$，$\Pi_m^{S*}-\Pi_m^{N*}|_{c=\frac{\theta}{2}}>0$。因此，存在一阈值$C_2$，使得当$c\leqslant C_2$时，有$\Pi_m^{S*}\leqslant\Pi_m^{N*}$；反之，$\Pi_m^{S*}>\Pi_m^{N*}$；

(3) 在$c>\frac{\theta}{2}$情形下，$\Pi_m^{S*}-\Pi_m^{N*}$随着c的增加而增加，且$\Pi_m^{S*}-\Pi_m^{N*}|_{c=\frac{\theta}{2}}<0$。因此，存在一阈值$C_3$，使得当$c\leqslant C_3$时，有$\Pi_m^{S*}$

$\leqslant \Pi_m^{N*}$;反之,$\Pi_m^{S*} > \Pi_m^{N*}$。由此,可以得到定理 3.5。证毕。

由上文的分析可知,当 $c < C_2$ 时,存在一部分线下消费者因为全渠道会员的引入会在第二阶段改变购买决策,即选择在线上渠道进行复购,但是结果表明,制造商在这种情景下是受损的。这主要由以下三个原因造成。首先,虽然会员体系共享能够为线上渠道吸引到更多的消费者,但与此同时,制造商也需要向这些消费者提供相应的优惠折扣(γp_r^{S*})。在这种情况下,全渠道会员带来的需求增加导致的收益增量是小于制造商在该会员制度下需要承担的额外成本,因此制造商的直销收益是减少的。其次,会员体系共享虽然能够吸引部分消费者改变购买决策,但是也无形中加剧了渠道之间的竞争,使得制造商会降低产品直销价,最终导致制造商的直销收益也是减少的。最后,线上与线下渠道的会员体系共享会使得制造商制订一个更低的批发价,这也会使得制造商的批发收益可能会受损。综上所述,虽然全渠道会员能够为线上渠道在第二阶段带来更多的消费者,但是对于制造商而言,并不一定有利。

当 $C_2 < c \leqslant \dfrac{\theta}{2}$ 时,即产品的单位成本适中,渠道间的会员共享并不足以吸引消费者在两阶段内跨渠道购买。如定理 3.5 的结果所示,制造商有可能从全渠道会员中获利。在情景 S 下,此时的直销渠道上并没有销量,也就意味着线上渠道成了线下渠道的展厅,且制造商的收益主要来源于其批发收益。在情景 N 下,线上渠道和线下渠道均有销量,这也意味着制造商可以同时从批发市场和零售市场中获利。但是由定理 3.4 可得,相比情景 N,情景 S 下的线下渠道需求量是增加的,且其所带来的收益增量会超过在直销渠道上的损失。因此,在这种情况下,引入全渠道会员,能够让制造商获得更高的收益。最后,由定理 3.5 可知,当单位产品的成本很高时,全渠道会员制度也会对制造商有利。在这种情况下,无论是在情景 N 还是 S 下,制造商的收益均主要来自线下渠道,即批发收益。由定理 3.4 可知,此时会员体系共享虽然使得制造商制订更低的批发价,但是其线下渠道的需求量是增加的,而且需求

增加带来的收益增量超过了批发价格下降导致的收益减量。因此，制造商依然能够从会员体系共享中获益。

定理 3.6　当 $c \leqslant C_4$，或 $\dfrac{\theta}{2} < c \leqslant C_5$ 时，会员体系共享使得零售商的收益增加，其中 $C_4 > C_1$，$\{C_4, C_5\} = \arg\{\Pi_r^{S*} - \Pi_r^{N*} = 0\}$。

证明：定理 3.6 证明过程与定理 3.5 相似，故略。证毕。

由定理 3.6 可知，当产品的单位成本较低时，渠道间的会员体系共享对零售商而言是有利的。从定理 3.3 和 3.4 的结果可以得到，若线上渠道与线下渠道共享会员体系，零售商会先降低价格再抬高价格，而线下渠道的销量则会先增加后减少。因此，当产品成本很低（$c \leqslant C_0$）时，销量增加所带来的收益增量会大于价格降低导致的收益减量，进而零售商可以获得更高的收益。随着成本的增加，即当 $C_0 < c \leqslant C_4$ 时，引入会员共享体系后，零售商会抬高零售价，而制造商会降低产品批发价，这也就意味着零售商边际收益会增加。虽然在这种情况下，存在部分线下消费者会选择线上渠道，但是边际收益的增加带来的收益增长会超过客户流失所带来的损失，因此零售商依然会从会员体系共享中获益。

当产品的单位成本较高时，即 $c > \dfrac{\theta}{2}$，所有的消费者均会选择在线下渠道购买产品。在这种情况下，零售商垄断了整个零售市场，且会员体系的共享也会让线下渠道的需求量增加，如定理 3.4 所示。回顾定理 3.3 中的结果，会员体系共享会导致批发价降低，而产品零售价会先增加后减少。因此，在 $\dfrac{\theta}{2} < c \leqslant C_5$ 时，零售商会因为需求量的增加以及边际利润的增长而获得更高的收益。但是当成本非常高时，零售商的收益会减少。

图 3.4 进一步地展示了会员体系的共享对渠道成员的影响。当会员共享能够吸引部分消费者在复购阶段选择不同的购物渠道时（即 $c < C_4$），制造商会受损，而零售商会受益。这也就说明了当产品的单位成本很低时，对于线上和线下渠道成员而言，会员体系共享会造成"L-W"

（即 low-win）的局面。当 $C_4 < c \leqslant C_2$ 时，如图 3.4 所示，制造商和零售商均会因为会员共享而受损。随着产品的单位成本的增加，即当 $C_2 < c < \frac{\theta}{2}$ 时，若渠道成员共享他们的会员体系，制造商的收益会增加，而零售商的收益依然会减少，从而出现图 3.4 中的 "W-L"（即 win-lose）区域。然而，当 $c > \frac{\theta}{2}$ 时，即全渠道会员能够阻止消费者的跨渠道购买行为时，制造商和零售商均能从会员共享中受益的结果可能会出现，如图 3.4 中的 "W-W"（即 win-win）区域。这也表明，当线上渠道与线下渠道在会员体系上的合作并不能吸引消费者跨渠道购买时，渠道成员们反而会因为会员共享而受益。此外，随着产品的单位成本增加，会员体系的共享会导致产品零售价下降，进而零售商的收益会减少。在这种情况下，渠道成员实现双赢的结果则会转变为仅制造商受益。

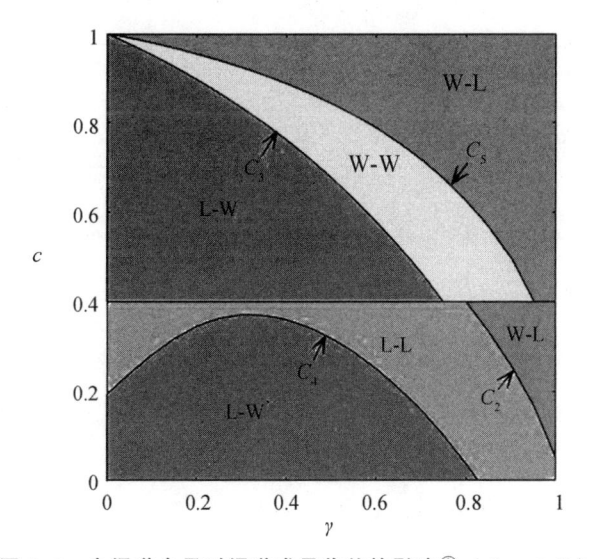

图 3.4 全渠道会员对渠道成员收益的影响① （$\theta = 0.8$）

---

① 注：符号 "L-W" 表示全渠道会员仅对零售商有利；符号 "W-L" 表示全渠道会员仅对制造商有利；"符号 L-L" 表示全渠道会员对制造商和零售商均不利；符号 "W-W" 表示全渠道会员对制造商和零售商均有利。

由上述分析可以得到,当渠道成员之间共享会员体系时,零售商的收益可能会受损,继而零售商可能会拒绝参与到全渠道会员体系的构建中。为了使得制造商和零售商在共享会员体系上达成一致,本书对渠道成员之间的定价决策重新调整,并得到定理 3.7 和图 3.5。

定理 3.7 渠道成员关于引入会员体系共享的最优策略如下所示:

(1) 若 $c \leqslant C_2$,或 $\frac{\theta}{2} < c < C_3$,制造商与零售商均不会参与会员体系共享;

(2) 若 $C_2 < c \leqslant \frac{\theta}{2}$,或 $c > C_3$,制造商与零售商均会参与会员体系共享;且制造商的最优定价决策分别为当 $C_2 < c \leqslant \frac{\theta}{2}$ 时,$w = w^{S**}$,$p_e = p_e^{S**}$;当 $C_3 < c \leqslant C_5$ 时,$w = w^{S*}$,$p_e = p_e^{S*}$;当 $c > C_5$ 时,$w = w^{S***}$,$p_e = p_e^{S***}$。

其中,

$$p_e^{S*} = \frac{[\theta(2-\gamma)+\gamma]\{c(2-\gamma)[2-(1-\theta)\gamma]+2[6-\theta^2(2-\gamma)^2-6\gamma+\gamma^2]\}}{2(2-\gamma)[8-\theta^2(2-\gamma)^2-8\gamma+\gamma^2]},$$

$$w^{S*} = \frac{4(1-\gamma)+c(2-\gamma)[2-(1-\theta)\gamma]}{2(2-\gamma)[2-(1-\theta)\gamma]},$$

$$p_e^{S**} = \frac{(1+c)[\theta(2-\gamma)+\gamma]}{2(2-\gamma)},$$

$$w^{S**} = \frac{3-4c^2+\theta}{8-8c},$$

$$p_e^{S***} = \frac{(1+c)[\theta(2-\gamma)+\gamma]}{2(2-\gamma)},$$

$$w^{S***} = \frac{3-3\theta+\theta^2+c(5-5\theta+\theta^2)}{2(2-\theta)^2}。$$

证明:由上述分析可以得知,在 $C_2 < c \leqslant \frac{\theta}{2}$,或 $c > C_5$ 时,若制造商引入全渠道会员制度,会使得其自身收益增加,但是零售商的收益是减少的。因此，零售商，即线下渠道可能会拒绝参与到全渠道会员活动中。在这种情况下，制造商应该在保证零售商参与会员共享后收益增加的前提下，制订最优的产品批发价和直销价，即制造商的决策问题应调整为：$\max \{\Pi_m^S(p_r(p_e,w))\}$ 且最优决策满足 $\Pi_r^S(p_r(p_e,w)) \geqslant \Pi_r^{N*}$。

因此，将 $C_2 < c \leqslant \dfrac{\theta}{2}$ 以及 $c > C_5$ 情形下，零售商的最优反应函数代入制造商的收益函数中，求解可得：

(1) 当 $C_2 < c \leqslant \dfrac{\theta}{2}$ 时，制造商的最优决策为

$$p_e^{S**} = \frac{(1+c)[\theta(2-\gamma)+\gamma]}{2(2-\gamma)}, \quad w^{S**} = \frac{3-4c^2+\theta}{8-8c};$$

(2) 当 $c > C_5$ 时，制造商的最优决策为

$$p_e^{S***} = \frac{(1+c)[\theta(2-\gamma)+\gamma]}{2(2-\gamma)}, \quad w^{S***} = \frac{3-3\theta+\theta^2+c(5-5\theta+\theta^2)}{2(2-\theta)^2}。$$

在上述决策下，零售商才有动力参与全渠道会员的建设。

进一步地，将制造商调整定价决策后的收益与未引入全渠道会员时的收益进行比较，可得：

当 $C_2 < c \leqslant \dfrac{\theta}{2}$，$\Pi_m^{S**}(w^{S**}, p_e^{S**}) - \Pi_m^{N*}(w^{N*}, p_e^{N*}) = \dfrac{(\theta-4c^2)(1-\theta)}{8} > 0$；当 $c > C_5$，$\Pi_m^{S***}(w^{S***}, p_e^{S***}) - \Pi_m^{N*}(w^{N*}, p_e^{N*}) = \dfrac{(1-c)^2(5-4\theta+\theta^2)}{2(2-\theta)^2} > 0$，

即制造商的收益并未因调整定价决策而受损。因此，在上述的最优价格决策下，制造商和零售商均会同意参与全渠道会员制。由此，可得定理 3.7。证毕。

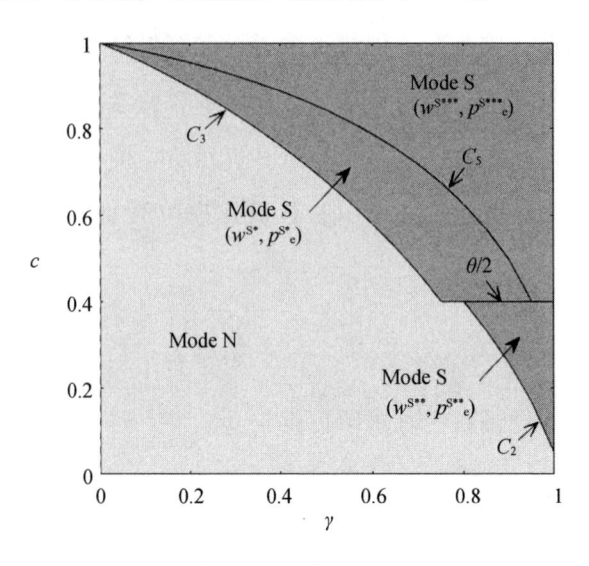

图 3.5 制造商的最优策略图（$\theta = 0.8$）

定理 3.7 给出了渠道成员关于引入会员体系共享的最优策略。结果表明，当产品的单位成本较低或者较高（即 $c \leqslant C_2$，或 $\frac{\theta}{2} < c < C_3$）时，渠道成员均不愿意共享他们的会员体系。这主要是因为在上述范围内，制造商的收益会因会员体系共享而受损，因此制造商没有动力参与到这一活动中。但是当产品成本适中或者非常高（即 $C_2 < c \leqslant \frac{\theta}{2}$，或 $c > C_3$）时，制造商能够从会员体系共享中获利。尽管在这种情况下零售商的收益可能会受损，但是制造商可以通过调整其定价决策来鼓励零售商也参与到会员体系共享中。此外，本书发现在改进后的定价策略下，制造商和零售商的收益均能增长，这也就意味着渠道成员均有动力参与会员共享，即所有参与者在引入全渠道会员问题上能够达成一致。

3.4.3 消费者剩余分析

在前文的分析中，可以发现会员体系的共享能够实现让制造商和零售商双赢的局面。因此，本小节将进一步探讨该共享制度的引进是否对消费者也有利。在现实生活中，企业不仅需要关注自身的盈利，也应该考虑消费者的利益，即消费者剩余。如果会员体系共享会使得消费者剩余受损，可能会对企业形象有负面影响，进而影响企业的长远发展。

在情景 N 中，消费者剩余可以表示为：

$$CS^N = \int_0^1 \max\{u_{ee}^N, u_{er}^N, u_{re}^N, u_{rr}^N, 0\} dv \qquad (3.9)$$

在情景 S 中，消费者剩余可以表示为：

$$CS^S = \int_0^1 \max\{u_{ee}^N, u_{er}^N, u_{re}^N, u_{rr}^N, 0\} dv \qquad (3.10)$$

将定理 3.1 和 3.2 中的均衡解代入上式，可以得到情景 N 和 S 下的消费者剩余。进一步地，通过比较两种情景下的消费者剩余，可得定理 3.8，如下所示。

定理 3.8 当 $c \leqslant C_0$，或 $C_6 < c < \frac{\theta}{2}$，或 $c > C_7$，会员体系共享会使得消费者剩余增加，其中 $C_6 > C_1$，$C_7 > \frac{\theta}{2}$，$\{C_6, C_7\} = \arg\{CS^S - CS^N = 0\}$。

证明：

(1) 在 $c \leqslant C_0$ 情形下，

若 $c \leqslant \dfrac{208 + \theta[-4 + \gamma(4+\gamma)][20 + \gamma(-20+3\gamma)] + \gamma\{-416 + \gamma[280 + 9(-8+\gamma)\gamma]\}}{8(2-\gamma)^4}$，

有 $CS^S - CS^N \geqslant 0$，

且易得 $\dfrac{208 + \theta[-4 + \gamma(4+\gamma)][20 + \gamma(-20+3\gamma)] + \gamma\{-416 + \gamma[280 + 9(-8+\gamma)\gamma]\}}{8(2-\gamma)^4} > C_0$。

因此，$CS^S > CS^N$；

(2) 在 $C_0 < c \leqslant C_1$ 情形下，$CS^S - CS^N$ 随着 c 增加而增加，且 $CS^S - CS^N|_{c=C_1} < 0$。

因此，$CS^S < CS^N$；

(3) 在 $C_1 < c \leqslant \dfrac{\theta}{2}$ 情形下，$CS^S - CS^N$ 随着 c 增加而增加，且 $CS^S - CS^N |_{c=C_1} < 0$，$CS^S - CS^N |_{c=\frac{\theta}{2}} > 0$。

因此，存在一阈值 C_6，使得当 $c \leqslant C_6$ 时，$CS^S \leqslant CS^N$；反之，$CS^S > CS^N$；

(4) 在 $c > \dfrac{\theta}{2}$ 情形下，$CS^S - CS^N$ 随着 c 增加而增加，且 $CS^S - CS^N |_{c=\frac{\theta}{2}} < 0$。

因此，存在一阈值 C_7，使得当 $c \leqslant C_7$ 时，$CS^S \leqslant CS^N$；反之，$CS^S > CS^N$。

由此，可得定理 3.8。证毕。

如定理 3.8 所示，当 $c \leqslant C_0$ 时，消费者能够从线上线下渠道间的会员共享制度中受益。在这种情况下，有部分消费者会选择在线上或者线下渠道上重复购买，也存在部分消费者因为全渠道会员的引入选择跨渠道购买。从定理 3.3 的结果可知，会员体系共享会使得零售商和制造商均降低各自渠道的产品售价；此外，会员制度的存在也就意味着消费者在第二次购买阶段，仅需支付更低的价格。因此，情景 S 下的消费者剩余会高于情景 N 下的消费者剩余，这也就意味着当产品成本很低时，会员体系的共享对消费者是有利的。

当 $C_0 < c \leqslant C_6$ 时，如定理 3.3 所示，会员体系的共享会使得制造商和零售商均会抬高产品价格，所以消费者剩余会减少。当产品的单位成本很高时，会员体系的共享不足以吸引消费者跨渠道购买，且零售商会制订很低的零售价，从而将制造商的直销渠道挤出市场。在这种情况下，无论是在第一阶段还是第二阶段，线上和线下渠道之间均不存在竞争，且消费者剩余主要受线下渠道的产品价格影响。由定理 3.3 的结果可以得知，当产品成本很高时，引入会员体系共享后，零售商会降低产

品零售价，消费者剩余也会因此而增加。综上所述，可以发现从消费者角度出发，线上线下渠道的会员共享制度更适合于单位成本很低或者很高的产品。

3.5 本章小结

全渠道会员，即线上线下渠道会员体系共享，使得消费者在跨渠道购买过程中依然能够享受到会员制度带来的权益，但是也会导致消费者不再忠诚于某一特定渠道，这可能会对渠道成员不利。为了探讨全渠道零售与会员制度之间的内在联系，本书考虑了全渠道制造商是否引入会员体系共享制度，并揭示了该会员体系对渠道成员的定价决策，收益以及消费者剩余的影响。

首先，本书分析了会员体系共享对渠道成员定价决策的影响。研究结果表明，会员共享会促使制造商制订更低的批发价；其次，当渠道间的会员共享能够吸引消费者跨渠道购买产品时，制造商和零售商均会降低其各自渠道上的产品售价；当会员共享所带来的优惠不足以吸引消费者跨渠道购买时，渠道成员们则会抬高产品的直销价和零售价，以便为消费者在复购阶段提供更多优惠的同时，也确保获得更高的收益。此外，当产品成本很高，且会员积分所带来的优惠折扣较低时，零售商会通过降低产品价格以吸引消费者。

其次，本书分析了会员体系共享对渠道成员收益的影响。当产品的单位成本适中，或者非常高时，引入会员体系共享能够使制造商的收益增加。在这种情况下，会员共享带来的线上渠道需求增加效应超过线下渠道的批发价减少效应，因此制造商能够从会员体系共享中获利。对于零售商而言，仅当产品的单位成本很低或者较高时，会员共享才能为其带来更高的收益。这主要是因为在上述范围内，制造商会制订较低的批发价，且线下渠道的需求量也会增加。最终，根据上述结果可以发现，在一定情况下，会员共享能够使得所有的渠道成员均获利，即实现双赢的结果。

  最后，本书分析了会员体系共享对消费者的影响。研究发现，当产品的成本很低时，引入会员共享后，线上渠道和线下渠道不仅在消费者购买的第一阶段存在竞争，在复购阶段亦存在竞争。因此，渠道成员们会降低他们各自的产品售价，而消费者剩余则会增加。随着产品成本增加，消费者在第一阶段均会选择在线下渠道购买产品，而会员体系的共享则能够为线上渠道在第二阶段吸引到消费者。由于在第二阶段的竞争，制造商和零售商有动机去提高价格，从而让消费者在第二阶段获得更高的优惠折扣，但是消费者依然是受损的。最终，当产品成本很高时，零售商将制造商挤出市场，即所有的消费者均会选择在线下渠道购买产品，而消费者剩余仅当零售商制订较低的零售价时会增加。

第四章 全渠道模式下考虑退货运费险的制造商定价策略研究

本章继续探讨在消费者购物过程中存在的另一个较为显著的问题，即消费者退货。本章将结合消费者的退货行为，以全渠道制造商为研究对象，探讨提供退货运费险和全渠道退货策略对制造商的定价决策和收益的影响，进而得出制造商的最优退货策略以及相应的定价策略。

4.1 研究背景

随着电子商务的快速发展，线上购物以其便捷性、信息透明性以及产品多样性受到了越来越多消费者的青睐。尤其在新冠疫情暴发期间，线上渠道成了消费者购买产品的主要途径。根据中国互联网络信息中心发布的第48次《中国互联网络发展状况统计报告》显示，截至2021年6月，我国网络购物用户规模达8.12亿人，较2020年12月增长2965万，占网民整体的80.3%。此外，根据国家统计局数据显示，2021年全年全国网上零售额为13.08万亿元，比上年增长14.1%。尽管线上购物方式被越来越多的消费者所接受，但与线下购物方式相比，通过线上渠道购买产品，消费者无法即时体验到产品，无法感知到产品的真实质量。因此，当消费者通过线上渠道购买产品时，极容易出现收到的产品与预期质量有出入，或者产品本身并不合适等一系列问题，也就导致了线上购物较为普遍的问题——消费者退货。一旦当消费者对收到的产品不满意时，不仅会影响消费者购物体验，也会对企业或者品牌的形象有所影响。根据 Statista 的报告显示，在 2020 年，美国的消费者仅在退货问题上的花费高达 55 亿美元。因此，当线上购物逐渐成为生活中必不可少的一部分时，其带来的消费者退货问题也不容忽视。

在电子商务的实际运营中，若消费者对购买的产品不满意，企业一般会为消费者提供线上购买线上退货（BORO，buy-online-and-return-online）服务；但是大多数企业会让消费者自行承担退货运费。在这种方式下，消费者不仅需要承担由退货产生的时间成本还需要支付额外的退货运费，使得消费者的购物体验变得不佳。针对这一问题，很多企业开始为消费者提供退货运费险，即企业从保险公司处购买退货运费险，当消费者退货时，保险公司会将运费赔付给消费者。这一合作方式最早开始于 2010 年，华泰保险公司为淘宝提供退货运费险；此后，中国人寿、太平洋保险也陆续与京东、当当网等开始合作[107-108]。这一措施为消费者解决了退货运费方面的顾虑，也为消费者提供了更好的购物体验。除此之外，在全渠道零售模式下，越来越多的线上企业开始与线下实体店合作，为消费者提供线上购物线下退货（BORS，buy-online-and-return-in-store）服务。例如在 Amazon.com 上购买产品的消费者可以在 Kohl 实体店进行退货，且该服务是免费的①；与此同时，线上商店 HauteLook 也为消费者提供了线上购物线下退货的服务②。对于消费者而言，这样的退货服务能够缩短其退货时间并节省可能会产生的退

---

① https://www.sohu.com/a/359555308_120201904
② https://www.lieyunwang.com/archives/168520

货成本。

上述提到的解决消费者退货问题的方案在现实中十分常见,但是当企业实施全渠道退货策略时,即允许消费者线上购物线下退货,消费者就会放弃通过线上渠道退货,即放弃了退货运费险所带来的一系列权益。此时,企业所提供的退货运费险并没有发挥作用,会造成一定的资源浪费。但是当企业不实施全渠道退货策略时,即仅允许消费者线上购物线上退货,企业虽然能够通过退货运费险有效降低消费者的退货损失,从而吸引更多的消费者;但是与全渠道退货相比,提供退货运费险在解决消费者退货问题上是否更有效,这仍有待研究。

考虑到全渠道退货与退货运费险对消费者购买决策的影响,本章将主要解决几个问题:首先,制造商在不同的退货策略下会做出怎样的定价决策;其次,制造商在何种条件下会采取何种退货措施;最后,全渠道退货与退货运费险这两种退货策略之间存在何种内在联系。由此,本书考虑一个仅在线上渠道销售产品的制造商,例如一些在零售平台销售产品的中小品牌商等,消费者只能通过其线上渠道购买产品,制造商可以设立线下退货点提供退货服务。例如,茵曼,作为国内的知名女装品牌,其开设了线下展厅并为消费者提供线下体验和退货等服务。根据制造商是否实施全渠道退货策略以及是否为消费者提供退货运费险,本章考虑四种情景,即制造商既不提供退货运费险也不实施全渠道退货策略、仅提供退货运费险、仅实施全渠道退货策略、既提供退货运费险也实施全渠道退货策略。通过比较这四种情景下的均衡解,本书将深入分析考虑退货运费险的全渠道模式下制造商最优定价决策和退货策略。

4.2 问题描述与假设

考虑市场中存在一个拥有线上渠道的制造商,例如一些中小品牌商，他们通过官网或者入驻到零售平台上，直接向消费者销售产品。当消费者通过线上渠道购买产品时，由于无法即时地体验产品，可能会出现在消费者收到产品后，该产品与消费者自身需求并不匹配。本书考虑制造商可以通过开设线下实体店或者线下退货点，从而为消费者提供退货服务。因此，当面临消费者的退货问题时，制造商考虑是否为消费者提供线上购买线下退货（BORS）的服务；其次，是否为消费者提供退货运费险以弥补消费者的运费损失。基于制造商的决策，本书主要考虑四种情景：情景 NN，即既不提供 BORS 服务也不提供退货运费险；情景 NI，即仅提供退货运费险；情景 BN，即仅提供 BORS 服务；情景 BI，即既提供 BORS 服务且提供退货运费险。上述情景的博弈顺序如下所示：制造商首先决策是否提供 BORS 服务，即实施全渠道退货策略；其次决策是否为消费者提供退货运费险；然后决策产品价格；最后消费者做出购买决策。

考虑到消费者的异质性，本书假设消费者对产品的估值 v 服从区间 $[0,1]$ 的均匀分布，且消费者需要支付相应的价格 p_o 并承担线上购物成本 o。在消费者收到从制造商处购买的产品之前，他们对于该产品与自身需求是否匹配是不确定的[109-110]，因此本书用 β 表示产品与消费者需求不匹配的概率[111-112]。面对消费者的退货行为，制造商决策是否为消费者提供跨渠道退货的服务。当制造商不允许线上消费者在线下退货时，若产品与消费者匹配，消费者获得的效用为 $(v-p_o-o)$；若产品与消费者不匹配，基于制造商是否为消费者提供退货运费险，存在两种情况：当不提供退货运费险时，消费者自己需要付出在线上渠道退货的麻烦成本 $2o$，还需要承担相应的运费 s，消费者获得的效用为 $(-2o-s)$；当提供退货运费险时，消费者虽然也需要付出在线上渠道的退货麻烦成本和运费，但是制造商会在收到消费者退回来的产品之后，支付一定的退货赔偿 $r(r \geqslant s)$，消费者获得的效用为 $(-2o-s+r)$。由此可得：在制造商不允许消费者跨渠道退货时，不提供和提供退货运费险情景的消费者期望效用分别为：$u_\circ^{NN} = (1-\beta)(v-p_\circ-o) + \beta(-2o-s)$，$u_\circ^{NI} = (1-\beta)(v-p_\circ-o) + \beta(-2o-s+r)$。

当制造商允许消费者跨渠道退货时，若产品与消费者需求匹配，消费者获得的效用与制造商不允许跨渠道退货情形下的效用一致。若产品与消费者需求不匹配，基于制造商是否为消费者提供退货运费险，存在两种情况：当不提供退货运费险时，若消费者通过线上渠道退货，其获得的效用为$(-2o-s)$，若消费者通过线下渠道退货，其获得的效用为$(-o-h)$；当提供退货运费险时，若消费者通过线上渠道退货，其获得的效用为$(-2o-s+r)$，若消费者通过线下渠道退货，其获得效用为$\beta(-o-h)$。其中，h 为消费者前往线下渠道退货的麻烦成本。考虑到消费者前往线下渠道发生的麻烦成本存在异质性，本书假设该成本服从区间 $[0,1]$ 的均匀分布。综上，可以得到在制造商允许消费者跨渠道退货时，制造商不提供和提供退货运费险情景下的消费者期望效用分别为：$u_{oo}^{BN} = (1-\beta)(v-p_\circ-o) + \beta(-2o-s)$，$u_{oo}^{BI} = (1-\beta)(v-p_\circ-o) + \beta(-2o-s+r)$，$u_{os}^{BN} = u_{os}^{BI} = (1-\beta)(v-p_\circ-o) + \beta(-o-h)$。当制造商实施全渠道退货策略时，其可以通过线下实体店或者与便利店等合作，从而为消费者提供线下退货的服务。因此，当制造商允许消费者线下退货时，需要承担额外的线下渠道的退货处理成本 t，如服务、运输等成本[113]。此外，当制造商为消费者提供退货运费险时，制造商也需要向保险公司投保，用 f 表示单位产品的退货运费险费用。本书涉及的所有符号如表 4.1 所示，"$*$"表示均衡解。

为了简化分析，本书的基本假设如下所示：

（1）消费者总体数量为单位 1，且每个消费者至多购买一个产品；

（2）产品的单位生产成本为 0；

（3）消费者和企业都是理性且风险中性的，即消费者、制造商和零售商会根据自身利益最大化做出最优决策。

表 4.1 符号含义表

符号	含义（单位任意）
y	情景 y，$y=\{NN, NI, BN, BI\}$
v	消费者对产品的估值，服从区间 [0，1] 的均匀分布
β	产品与消费者需求不匹配的概率
h	消费者前往线下渠道的麻烦成本，服从区间 [0，1] 的均匀分布
o	消费者前往线上渠道的麻烦成本
s	每单位产品的退货运费
r	每笔退货运费险会支付给消费者的补偿金额
f	每单位产品的退货运费险
m	退货产品的残值
t	线下渠道的退货处理成本
p_o	产品价格
π_m^y	制造商在情景 y 下的收益

4.3 模型构建与求解

本节将根据制造商是否实施全渠道退货策略（BORS）和是否提供退货运费险，考虑四种情景并建立相应的收益模型，并通过逆序求导分析制造商的定价决策，从而得出均衡收益。

4.3.1 不提供 BORS 服务和退货运费险（NN）

在情景 NN 下，制造商既不提供退货运费险也不提供 BORS 服务。

若消费者收到的产品与其需求不匹配,消费者只能通过线上渠道退货且需要承担退货运费。

此时,消费者的效用函数为 $u_o^{NN} = (1-\beta)(v-p_o-o)+\beta(-2o-s)$,仅当 $u_{oo}^{NN} > 0$ 时,即 $v \geq \dfrac{(1+\beta)o+(1-\beta)p_o+\beta s}{1-\beta}$,消费者会购买产品。由此可得,NN 情景下的消费者需求函数为:

$$d_o^{NN} = 1 - \dfrac{(1+\beta)o+(1-\beta)p_o+\beta s}{1-\beta} \qquad (4.1)$$

参照已有文献[114-115],由于存在产品不匹配问题,消费者可能退货的概率为 β。因此,当消费者不退货时(概率为 $1-\beta$),制造商会收到消费者支付的产品价格 p_o;当消费者退货时(概率为 β),制造商会收到消费者退回的产品,且产品残值为 m。由此可得,制造商单位边际收益为 $(1-\beta)p_o+\beta m$。进一步地,可得制造商的收益函数为:

$$\pi_m^{NN} = [(1-\beta)p_o+\beta m] d_o^{NN} \qquad (4.2)$$

将式(4.1)代入式(4.2),对 π_m^{NN} 关于 p_o 分别求一阶偏导数和二阶偏导数,可以得到 $\dfrac{\partial^2 \pi_m^{NN}}{\partial (p_o)^2} = -2+2\beta < 0$,即存在最优解。令 $\dfrac{\partial \pi_m^{NN}}{\partial p_o} = 0$,可得产品的最优零售价为:

$$p_o^{NN*} = \dfrac{1-o-\beta(1+m+o+s)}{2(1-\beta)} \qquad (4.3)$$

将式(4.3)代入式(4.2),可以得到制造商的最优收益为:

$$\pi_m^{NN*} = \dfrac{[1-o-\beta(1-m+o+s)]^2}{4(1-\beta)} \qquad (4.4)$$

通过上述均衡解,可以发现:随着 β 和 s 的增加,产品价格会降低($\dfrac{\partial p_o^{NN*}}{\partial \beta} < 0, \dfrac{\partial p_o^{NN*}}{\partial s} < 0$),即当产品与消费者不匹配的概率越大或者消费者需要承担的退货运费越高时,制造商会制订更低的产品价格。这主要是因为当产品不匹配概率越高或者退货运费越高时,消费者购买产

品所获得的效用会越低,为吸引消费者,制造商应降低产品价格。此外,随着 β 和 s 的增加,制造商的收益也会随之减少。

4.3.2 仅提供退货运费险(NI)

在情景 NI 下,制造商仅为消费者提供退货运费险,即制造商从保险公司处购买退货运费险。当消费者发现产品与其自身需求不匹配时,若申请退货,保险公司会提供相应的退货赔偿,从而尽可能弥补消费者的退货损失。

此时,消费者的效用函数为 $u_{oo}^{NI}=(1-\beta)(v-p_o-o)+\beta(-2o-s+r)$,仅当 $u_o^{NI}>0$ 时,即 $v\geqslant\dfrac{(1+\beta)o+(1-\beta)p_o-\beta(r-s)}{1-\beta}$,消费者会购买产品。由此可得,情景 NI 下的消费者需求函数为:

$$d_o^{NI}=1-\frac{(1+\beta)o+(1-\beta)p_o-\beta(r-s)}{1-\beta} \quad (4.5)$$

制造商的收益函数为:

$$\pi_m^{NI}=[(1-\beta)p_o+\beta m-f]d_o^{NI} \quad (4.6)$$

将式(4.5)代入式(4.6),对 π_m^{NI} 关于 p_o 分别求一阶偏导数和二阶偏导数,可以得到 $\dfrac{\partial^2\pi_m^{NI}}{\partial(p_o)^2}=-2+2\beta<0$,即存在最优解。令 $\dfrac{\partial\pi_m^{NI}}{\partial p_o}=0$,可得产品的最优零售价为:

$$p_o^{NI*}=\frac{1+f-o-\beta(1+m+o-r+s)}{2(1-\beta)} \quad (4.7)$$

将式(4.7)代入式(4.6),可以得到制造商的最优收益为:

$$\pi_m^{NI*}=\frac{[1-f-o-\beta(1-m+o-r+s)]^2}{4(1-\beta)} \quad (4.8)$$

由上述均衡解可较为直观地得到:当制造商为消费者提供退货运费险时,随着保险费 f 和保险公司支付给消费者的退货赔偿 r 增加,产品价格也会随着增加。一方面，保险费的增加意味着制造商的销售成本在增加，为了获得更多的利润，制造商会抬高产品价格；另一方面，当消费者能够通过退货运费险获得更高的退货赔偿时，消费者的效用也会随之增加，制造商有动力去制订更高的价格，以充分榨取消费者剩余。其次，通过对情景 NI 下的制造商最优收益进行灵敏度分析，可以发现随着 f 的增加，制造商的收益反而会降低；随着 r 增加，其收益会增加。这表明当制造商所购买的退货运费险赔付给消费者的退货补偿越高时，对制造商越有利。

4.3.3 仅提供 BORS 服务（BN）

在情景 BN 下，制造商仅提供 BORS 服务。此时，若消费者所购买的产品与其需求不匹配时，他们可以通过线上渠道或者线下渠道退货，但是当消费者选择线上渠道退货时，由此产生的运费需要自行承担。根据退货渠道不同，消费者存在以下两种选择：

(1) 通过线上渠道退货，且所获得效用为 $u_{oo}^{BN} = (1-\beta)(v-p_o-o) + \beta(-2o-s)$；

(2) 通过线下渠道退货，且所获得效用为 $u_{os}^{BN} = (1-\beta)(v-p_o-o) + \beta(-o-h)$。

通过比较上述效用函数可以得到：当 $u_{oo}^{BN} > u_{os}^{BN}$ 且 $u_{oo}^{BN} > 0$ 时，即 $h > o+s$ 且 $v \geqslant \dfrac{(1+\beta)o+(1-\beta)p_o+\beta s}{1-\beta}$，消费者会选择在线上购买线上退货，如图 4.1 中区域 A 所示；当 $u_{os}^{BN} \geqslant u_{oo}^{BN}$ 且 $u_{os}^{BN} > 0$ 时，即 $h \leqslant o+s$ 且 $h < \dfrac{(1-\beta)v-(1-\beta)p_o-o}{\beta}$，消费者会选择在线上购买线下退货，如图 4.1 中区域 B 所示；当 $u_{os}^{BN} \leqslant 0$ 或 $u_{oo}^{BN} \leqslant 0$ 时，消费者选择不购买，如图 4.1 中区域 N 所示。

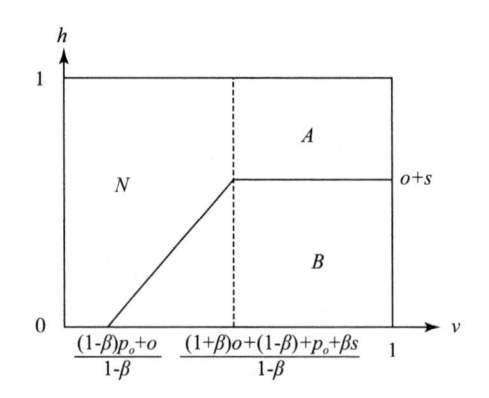

图 4.1 情景 BN 下的消费者需求分布图

由此可得，情景 BN 下的消费者需求函数为：

$$\begin{cases} d_{oo}^{BN} = [1-(o+s)]\left[1-\left(\dfrac{(1+\beta)o+(1-\beta)p_o+\beta s}{1-\beta}\right)\right] \\ d_{os}^{BN} = \dfrac{1}{2}\left[2-\dfrac{(1+\beta)o+(1-\beta)p_o+\beta s}{1-\beta}-\dfrac{(1-\beta)p_o+o}{1-\beta}\right](o+s) \end{cases}$$

(4.9)

制造商的收益函数为：

$$\pi_m^{BN} = [(1-\beta)p_o+\beta m]d_{oo}^{BN} + [(1-\beta)p_o+\beta m-t]d_{os}^{BN} \quad (4.10)$$

将式（4.9）代入式（4.10），对 π_m^{BN} 关于 p_o 分别求一阶偏导数和二阶偏导数，可以得到 $\dfrac{\partial^2 \pi_m^{BN}}{\partial (p_o)^2} = -2+2\beta < 0$，即存在最优解。令 $\dfrac{\partial \pi_m^{BN}}{\partial p_o} = 0$，可得产品的最优零售价为：

$$p_o^{BN*} = \dfrac{2(1-o)-\beta[2+2m-o^2+2s-s^2-2st+2o(1-s-t)]}{4(1-\beta)}$$

(4.11)

将式（4.11）代入式（4.10），可以得到制造商的最优收益为：

$$\pi_m^{BN*} = \frac{t+4\beta^2(o+s)^2 t^2}{16(1-\beta)} \cdot \{\{2-2o+\beta[-2+2m+o^2-2o(1-s)$$
$$-(2-s)s]\}^2 + 4\beta(o+s)[2(-1+o)$$
$$+\beta[2-2m+(o+s)^2]\} \quad (4.12)$$

接下来，本部分将关注制造商仅实施全渠道退货策略情景下的均衡解变化。首先，与情景 NN 相似，当产品与消费者需求不匹配概率 β 和消费者退货时需要承担的运费 s 增加时，制造商均会降低产品价格。其次，可以发现随着产品的剩余价值越高时，产品价格就会越低（$\frac{\partial p_o^{BN*}}{\partial m} < 0$）。这说明当退货产品的剩余价值越高时，制造商会降低产品价格来吸引更多的消费者购买。此外，随着产品与消费者需求不匹配概率 β 和退货运费 s 增加时，制造商的收益也会随之减少。

4.3.4 提供 BORS 服务和退货运费险（BI）

在情景 BI 下，制造商提供退货运费险和 BORS 服务。因此，当消费者退货时，他们可选择在线上渠道退货，也可选择在线下渠道退货，而且当消费者通过线上渠道退货时，保险公司给予消费者一定的退货补偿。根据退货渠道的不同，消费者存在以下两种选择：

（1）通过线上渠道退货，且所获得消费者效用为 $u_{oo}^{BI} = (1-\beta)(v-p_o-o)+\beta(-2o-s+r)$；

（2）通过线下渠道退货，且所获得的效用为 $u_{os}^{BI} = (1-\beta)(v-p_o-o)+\beta(-o-h)$。

通过比较上述效用函数可以发现：当 $u_{oo}^{BI} > u_{os}^{BI}$ 且 $u_{oo}^{BI} > 0$（即 $h \geqslant o+s-r$ 且 $v > \frac{(1+\beta)o+(1-\beta)p_o-\beta(r-s)}{1-\beta}$）时，消费者会选择在线上购买线上退货，如图 4.2 中区域 A 所示；当 $u_{os}^{BI} \geqslant u_{oo}^{BI}$ 且 $u_{os}^{BI} > 0$［即

$h<o+s-r$ 且 $h<\dfrac{(1-\beta)v-(1-\beta)p_o-o}{\beta}$] 时，消费者会选择在线上购买线下退货，如图 4.2 中区域 B 所示；当 $u_{os}^{BI}\leqslant 0$ 或 $u_{oo}^{BI}\leqslant 0$ 时，消费者选择不购买，如图 4.2 中区域 N 所示。

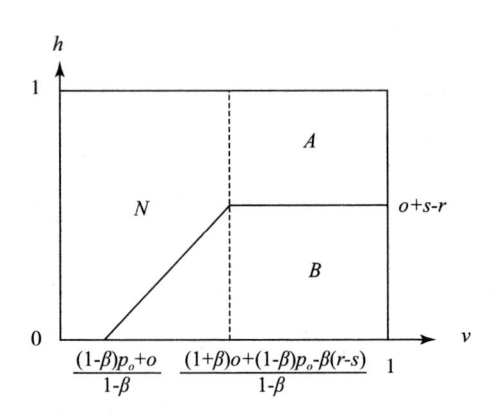

图 4.2 情景 BI 下的消费者需求分布图

由此可得，情景 BI 下的消费者需求函数为：

$$\begin{cases} d_{oo}^{BI}=[1-(o+s-r)]\left\{1-\left[\dfrac{(1+\beta)o+(1-\beta)p_o-\beta(r-s)}{1-\beta}\right]\right\} \\ d_{os}^{BI}=\dfrac{1}{2}\left[2-\dfrac{(2+\beta)o+2(1-\beta)p_o-\beta(r-s)}{1-\beta}\right](o+s-r) \end{cases}$$

(4.13)

制造商的收益函数为：

$$\pi_m^{BI}=[(1-\beta)p_o+\beta m-f]d_{oo}^{BI}+[(1-\beta)p_o+\beta m-f-t]d_{os}^{BI}$$

(4.14)

将式 (4.13) 代入式 (4.14)，对 π_m^{BI} 关于 p_o 分别求一阶偏导数和二阶偏导数，可以得到 $\dfrac{\partial^2 \pi_m^{BI}}{\partial(p_o)^2}=-2+2\beta<0$，即存在最优解。令

$\frac{\partial \pi_m^{BI}}{\partial p_o} = 0$,可得产品的最优零售价为:

$$p_o^{BI*} = \frac{1}{4(1-\beta)} \cdot \{2(1+f-o) - \beta[2+2m-o^2-r^2+2o(1+r-s-t) \\ + 2r(-1+s+t) + s(2-s-2t)]\} \quad (4.15)$$

制造商的最优收益为:

$$\pi_m^{BI*} = \frac{1}{16(1-\beta)} \cdot \{4(1-f-o)^2 + \beta^2\{[-2+2m+o^2+2r+r^2 \\ -2o(1+r-s) - 2(1+r)s + s^2]^2 + 4(o-r+s) \\ [2-2m+(o-r+s)^2]t + 4(o-r+s)^2 t^2 \\ + 4\beta(1-f-o)\{-2+2m+o^2+r^2+2r(1-s+t) \\ -2o(1+r-s+t) + s[s-2(1+t)]\}\} \quad (4.16)$$

上述公式给出了在情景 BI 下的产品均衡价格和制造商的均衡收益。通过对均衡价格进行分析可以得到:当产品与消费者的不匹配概率和消费者承担的运费增加时,制造商均会降低产品价格;当制造商需要支付的保险金额以及保险公司赔付给消费者的退货赔偿增加时,制造商则会抬高产品价格。进一步地,通过对均衡收益分析可以发现:随着制造商需要承担的保险费用增加时,其收益会减少;但是当消费者获得的退货赔偿增加时,制造商的收益会增加。这主要是因为当消费者获得更高的退货赔偿时,能够吸引更多的消费者,从而增加了制造商的收益。此外,当产品与消费者的不匹配概率增加时,制造商的收益也会随之降低。

4.4 均衡策略分析

在 4.4.1 小节中,本书首先分析制造商在不同退货策略的退货运费险策略选择问题,即制造商在不实施(实施)全渠道退货策略情形下最优的退货运费险策略；其次，基于制造商的退货运费险决策，在 4.4.2 小节中，本书将进一步探讨制造商的最优退货策略选择问题。由于均衡解的复杂性，本书的 4.4 节主要分析在 $t=0$ 情形下制造商的最优策略，本书将在 4.5 节将通过数值模拟的方法来分析在 $t\neq 0$ 情形下制造商的最优策略。

4.4.1 退货运费险策略选择

本小节首先考虑在不实施全渠道退货策略情形下制造商的最优退货运费险决策。通过比较情景 NN 和情景 NI 下的消费者需求和价格，下文将探讨提供退货运费险对消费者需求以及制造商的价格决策的影响，如引理 4.1 所示。

引理 4.1

（1）NN 情景下的产品价格会高于 NN 情景（即 $p_o^{NI*} > p_o^{NN*}$）；

（2）当 $f \leqslant \beta r$ 时，NI 情景下的产品需求会高于 NN 情景（即 $d_o^{NI*} \geqslant d_o^{NN*}$）；反之，NI 情景下的产品需求会低于 NN 情景（即 $d_o^{NI*} < d_o^{NN*}$）。

证明：$p_o^{NI*} - p_o^{NN*} = \dfrac{f+\beta r}{2(1-\beta)} > 0$；$d_o^{NI*} - d_o^{NN*} = \dfrac{\beta r - f}{2(1-\beta)}$，则有当 $f \leqslant \beta r$ 时，$d_o^{NI*} - d_o^{NN*} \geqslant 0$；反之，$d_o^{NI*} - d_o^{NN*} < 0$。由此，可得引理 4.1。证毕。

由引理 4.1（1）可以发现：在不允许消费者线上购物线下退货的情形下，若制造商为消费者提供退货运费险，制造商会制订更高的产品价格，以此来弥补其所支付的退货运费险费用。这也表明当制造商仅为消费者提供线上退货时，提供退货运费险会存在价格增长效应。其次，由引理 4.1（2）可以发现，仅当制造商所支付的保险费用较低时，提供退货运费险才能够吸引到更多的消费者；然而当制造商所支付的保险费用较高时,提供退货运费险反而会导致其产品销量降低。这说明当保险公司制订的保费金额较高时,会削弱消费者的购买意愿;此时制造商若提供退货运费险,会存在需求递减效应。

通过比较制造商在情景 NN 和情景 NI 下的均衡收益,下文将进一步分析在不实施全渠道退货策略的情形下,退货运费险对制造商的影响,如定理 4.1 所示。

定理 4.1

若制造商不实施全渠道退货策略:当 $f \leqslant \beta r$ 时,提供退货运费险会使制造商收益增加(即 $\pi_o^{NI*} \geqslant \pi_o^{NN*}$);当 $f > \beta r$ 时,提供退货运费险会使制造商收益会减少(即 $\pi_o^{NI*} \geqslant \pi_o^{NN*}$)。

证明: $\pi_o^{NI*} - \pi_o^{NN*} = \dfrac{(f-\beta r)[-2+f+2o+\beta(2-2m+2o-r+2s)]}{4(1-\beta)}$,

其中 $[-2+f+2o+\beta(2-2m+2o-r+2s)] < 0$。

因此,当 $f \leqslant \beta r$ 时,有 $\pi_o^{NI*} - \pi_o^{NN*} \geqslant 0$;反之,$\pi_o^{NI*} - \pi_o^{NN*} < 0$。由此,可以得到定理 4.1。证毕。

如定理 4.1 所示,当退货运费险的费用较低时,制造商提供退货运费险能够获得更高的收益。此时,制造商会制订更高的产品价格,而且也能够吸引到更多的消费者,因此,制造商的收益会增加。但是当退货运费险的费用较高时,制造商提供退货运费险会导致其收益受损。由引理 4.1 可以得知,在这种情况下,提供退货运费险会导致其需求减少。虽然提供退货运费险能够使得制造商制订更高的价格,但是需求降低带来的收益减量会超过价格上涨带来的收益增量;其次,当退货运费险的费用较高时,也就意味着制造商需要支付的额外成本也会增加。因此,当购买退货运费险的费用较高时,制造商应放弃为消费者提供退货运费险。

接下来,本部分将考虑在实施全渠道退货策略的情形下制造商的最优退货运费险决策。通过比较情景 BN 和情景 BI 下的消费者需求和价格，下文将探讨退货运费险对消费者需求以及制造商定价决策的影响，如引理 4.2 所示。

引理 4.2

（1）BI 情景下的产品价格会高于 BN 情景（即 $p_o^{BI*} > p_o^{BN*}$）；

（2）当 $f \leqslant \dfrac{\beta r(2-2o+r-2s)}{2}$ 时，BI 情景下的产品需求会高于 BN 情景（即 $d_o^{BI*} \geqslant d_o^{BN*}$）；反之，BI 情景下的产品需求会低于 BN 情景（即 $d_o^{BI*} < d_o^{BN*}$）。

证明：引理 4.2 的证明逻辑与引理 4.1 相似，故略。证毕。

引理 4.2（1）的结果表明：在制造商实施全渠道退货策略的情形下，若制造商为消费者提供退货运费险，制造商会抬高产品价格。结合引理 4.1（1）的结果可以得出：无论制造商是否允许消费者线上购物线下退货，若制造商提供退货运费险，产品价格一定会上涨。由引理 4.2（2）可以发现，与制造商不实施全渠道退货策略的情形相似，当退货运费险的费用较低时，制造商提供退货运费险能够吸引到更多的消费者；但是当该费用较高时，提供退货运费险反而会使得其消费者需求量减少。这主要是因为随着制造商需要支付的保险费用增加，制造商制订的产品价格也会随之增加；此时，消费者若购买产品，其所获得的效用会变小，最终导致需求也会相应地减少。

通过比较在情景 BN 和情景 BI 制造商的收益，下文将分析在实施全渠道退货策略的情形下，退货运费险对制造商的影响，如定理 4.2 所示。

定理 4.2 若制造商实施全渠道退货策略：

当 $f \leqslant \dfrac{\beta r(2-2o+r-2s)}{2}$ 时，提供退货运费险会使制造商收益

增加（即 $\pi_o^{BI*} \geqslant \pi_o^{BN*}$）；当 $f > \dfrac{\beta r(2-2o+r-2s)}{2}$ 时，提供退货运费险会使制造商收益减少（即 $\pi_o^{BI*} < \pi_o^{BN*}$）。

证明： 定理 4.2 的证明逻辑与定理 4.1 相似，故略。证毕。

由定理 4.2 可以发现，与不实施全渠道退货策略的情形相似，当制造商实施全渠道退货时，若退货运费险的费用较低时，制造商能够从为消费者提供退货运费险中获益；若该费用较高，制造商若提供退货运费险，其收益会受损。进一步地，通过对阈值进行分析可以发现，随着产品与消费者需求不匹配的概率 β 增加，阈值 $\dfrac{\beta r(2-2o+r-2s)}{2}$ 也会随之增加。这表明当产品与消费者不匹配程度越高时，制造商提供退货运费险的意愿就会越强烈。这是因为当制造商为消费者提供退货运费险时，能够有效减少消费者因产品不匹配带来的负效用，从而吸引到更多的消费者；而且不匹配概率越高，提供退货运费险的效果会越好。

4.4.2 退货渠道选择

由定理 4.1 和 4.2，可以得到在不同退货策略情形下制造商的最优退货运费险选择策略。本小节将基于上述分析，进一步探讨制造商的最优退货渠道策略，如定理 4.3 所示。

定理 4.3 当 $f \leqslant \dfrac{\beta r(2-2o+r-2s)}{2}$ 时，情景 BI 为均衡，即制造商应提供全渠道退货和退货运费险；当 $f > \dfrac{\beta r(2-2o+r-2s)}{2}$ 时，情景 BN 为均衡，即制造商应仅提供全渠道退货服务。

证明： 通过比较阈值 $\dfrac{\beta r(2-2o+r-2s)}{2}$ 与 βr，可以得到，当 $r \leqslant 2(o+s)$ 时，有 $\dfrac{\beta r(2-2o+r-2s)}{2} \leqslant \beta r$；反之，$\dfrac{\beta r(2-2o+r-2s)}{2} >$

βr。因此，本定理首先讨论在 $r \leqslant 2(o+s)$ 情形下制造商的均衡策略。由定理4.1和4.2可以得到：

(1) 当 $f \leqslant \dfrac{\beta r(2-2o+r-2s)}{2}$ 时，制造商一定会提供退货运费险。通过比较 BI 和 NI 情景下制造商的收益，有 $\pi_m^{BI*} - \pi_m^{NI*} > 0$，因此，当 $f \leqslant \dfrac{\beta r(2-2o+r-2s)}{2}$ 时，制造商会选择 BI 情景；

(2) 当 $\dfrac{\beta r(2-2o+r-2s)}{2} < f \leqslant \beta r$ 时，制造商可能会选择仅提供退货运费险，或者仅实施全渠道退货策略。通过比较 BN 和 NI 情景下制造商的收益，可得当 $f > \dfrac{\beta(-o^2+2r-2os-s^2)}{2}$ 时，有 $\pi_m^{BN*} - \pi_m^{NI*} > 0$。进一步比较阈值，可得 $\dfrac{\beta(-o^2+2r-2os-s^2)}{2} < \dfrac{\beta r(2-2o+r-2s)}{2}$。

因此，当 $\dfrac{\beta r(2-2o+r-2s)}{2} < f \leqslant \beta r$ 时，制造商会选择 BN 情景；(3) 当 $f > \beta r$ 时，制造商不会提供退货运费险。通过比较 BN 和 NN 情景下制造商的收益，有 $\pi_m^{BN*} - \pi_m^{NN*} > 0$。因此，当 $f > \beta r$ 时，制造商会选择 BN 情景。

其次，本定理将分析 $r > 2(o+s)$ 情形下制造商的均衡策略。其证明逻辑与 $r \leqslant 2(o+s)$ 情形下相似，故略。综上，可以得到定理4.3。证毕。

如定理4.3所示，当制造商需要支付的退货运费险费用较低时，制造商同时为消费者提供全渠道退货服务和退货运费险会获得最高的收益；当制造商需要支付的退货运费险费用较高时，制造商仅提供全渠道退货服务就能够获得更高的收益。上述结论表明：首先在退货策略方面，实施全渠道退货策略对制造商来说总是最优的选择。这主要是因为无论制造商是否为消费者提供退货运费险，当制造商实施全渠道退货策略时，其消费者需求总是增加的，即 $d_o^{BN} > d_o^{NN}$，$d_o^{BI} > d_o^{NI}$；其次，产品价格也会增加，即 $p_o^{BN} > p_o^{NN}$，$p_o^{BI} > p_o^{NI}$。因此，实施全渠道退货策略存在需求增长效应和价格增长效应，且在这两种效应作用下，制造商总是能够从实施全渠道退货策略中获得更高的收益。

其次，在退货运费险策略方面，若保险公司制订的退货运费险费用较高，通过提供退货运费险来解决消费者的退货问题并不能够为其获得更高的收益。由引理4.1和4.2可得，当退货运费险费用较高时，提供退货运费险虽然能够使得制造商制订更高的产品价格，但是消费者的需求会减少。因此，在这种情况下，制造商若提供退货运费险，一方面，退货运费险所带来的需求减少效应会发挥主要作用，即价格增长所带来的收益增量是小于需求减少所导致的收益减量；另一方面，较高的退货运费险费用也使得制造商的利润空间变小，因此制造商的收益会受损。最后，定理4.3的结果也说明，在一定范围内，全渠道退货策略比提供退货运费险能更有效地解决企业退货问题，即能够帮助企业获得更高的收益。

通过对定理4.3所涉及的阈值进行灵敏度分析，本书将进一步讨论相关参数对制造商的退货策略的影响，具体如定理4.4所示。

定理4.4 阈值 $\dfrac{\beta r(2-2o+r-2s)}{2}$ 会随着消费者需求的不匹配的概率 β 增加而变大；随着退货运费险所提供的补偿金额 r 的增加而变大；随着退货运费 s 的增加而变小；随着线上购物的麻烦成本的增加而变小。

证明：$\dfrac{\partial\left(\dfrac{\beta r(2-2o+r-2s)}{2}\right)}{\partial \beta} = \dfrac{r(2-2o+r-2s)}{2} > 0$；

$$\frac{\partial\left(\frac{\beta r(2-2o+r-2s)}{2}\right)}{\partial r}=\frac{1}{2}>0;\quad \frac{\partial\left(\frac{\beta r(2-2o+r-2s)}{2}\right)}{\partial s}=-1<0;$$

$$\frac{\partial\left(\frac{\beta r(2-2o+r-2s)}{2}\right)}{\partial o}=-1<0。$$

由此可得定理 4.4。证毕。

如定理 4.4 所示，随着产品与消费者需求不匹配的概率 β，或退货运费险为消费者提供的补偿金额 r 的增加，阈值 $\frac{\beta r(2-2o+r-2s)}{2}$ 也会随之增加。这表明当产品的不匹配率增加时，情景 BI 在制造商的均衡策略中所占的面积会增加，即制造商既实施全渠道退货策略又提供退货运费险的意愿会更加强烈。这是因为随着不匹配率增加，制造商需要承担的退货风险会增加。因此，制造商更愿意提供退货运费险来减低其退货损失。相似地，当消费者能够获得的运费补贴越高时，制造商采取既实施全渠道退货又提供退货运费险的意愿也会更加强烈。这表明保险公司可以通过适当地提高退货运费险所赔付的金额来鼓励制造商购买退货运费险。其次，随着消费者需要承担的退货运费 s，或消费者前往线上渠道购物的麻烦成本 o 增加时，阈值 $\frac{\beta r(2-2o+r-2s)}{2}$ 会随之减少。这主要是因为消费者需要承担的退货运费增加或者线上购物成本的增加会促使越来越多的消费者选择通过线下渠道进行退货；此时，制造商提供退货运费险对消费者的吸引力并不大，而且还会导致其成本增加。因此，在这种情况下，制造商会选择放弃提供退货运费险，并通过仅实施全渠道退货策略来解决消费者的退货问题。

4.5 算例分析

上文主要考虑了当制造商实施全渠道退货策略时，其线下渠道的退货处理成本 $t=0$ 情形，本小节将进一步分析当 $t \neq 0$ 情形下制造商的退货策略选择。考虑到收益函数的复杂性，下文将采用数值分析的方法来分析该参数对价格、消费者需求以及制造商收益的影响。令 $\beta=0.1$，$o=s=m=r=0.2$，且 f 从 0 到 0.5 变化，由此可得图 4.3~4.5。

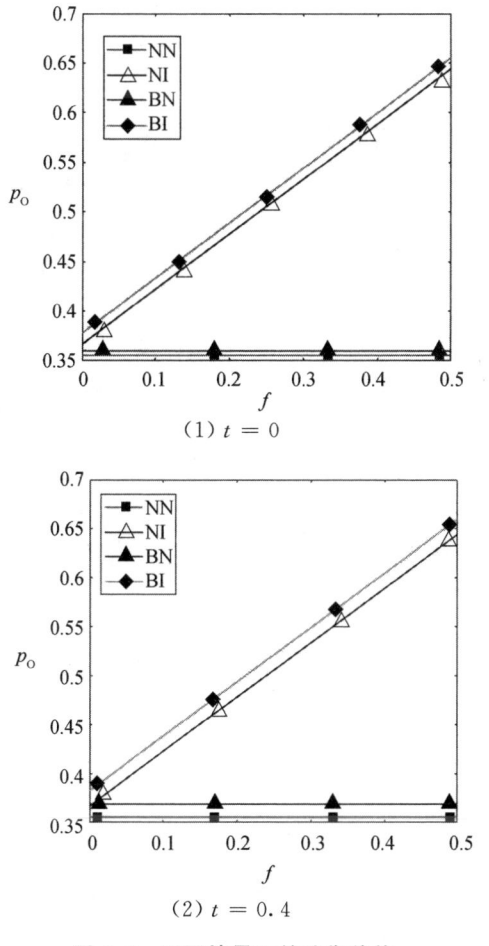

（1）$t=0$

（2）$t=0.4$

图 4.3 不同情景下的均衡价格

(1) $t = 0$

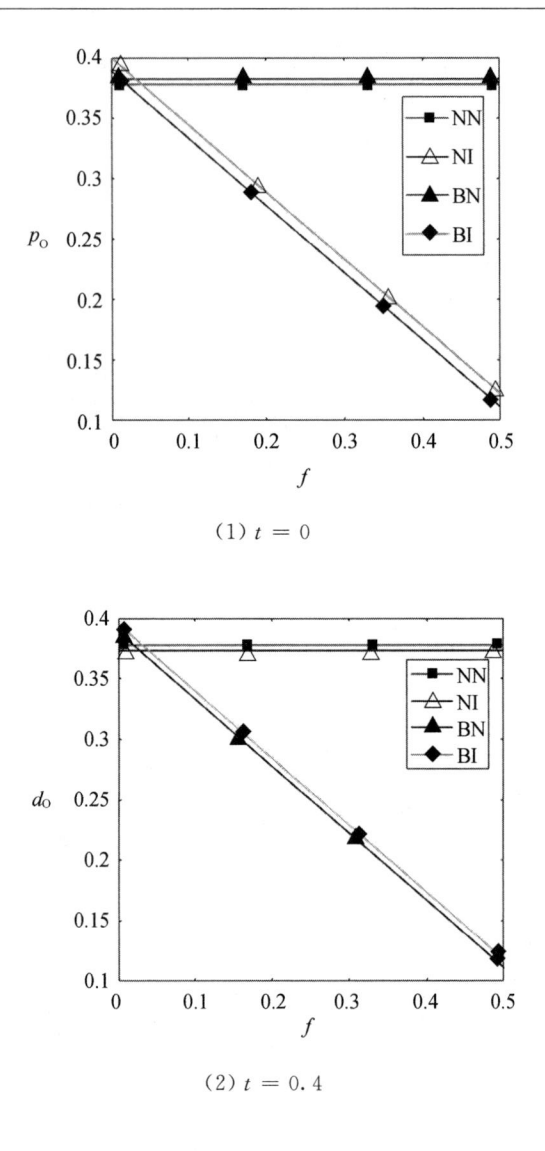

(2) $t = 0.4$

图 4.4 不同情景下的产品需求

由图 4.3（1）可以发现，当线下渠道处理退货的成本等于 0 时，无论制造商是否实施全渠道退货策略，提供退货运费险均会导致制造商制订更高的产品价格，这验证了本书引理 4.1 和 4.2 的结论。如图 4.3（2）所示，当线下渠道处理退货的成本不等于 0 时，可以发现提供退货运费险会导致产品价格上涨的结论依然成立。其次，由图 4.4（1）和（2）可以发现，当线下渠道处理退货的成本等于或者不等于 0 时，若退货运费险的费用较低，提供退货运费险情形下的需求总是会高于不提供退货运费险情形下的需求；反之，不提供退货运费险情形下的需求会更高，这与本书引理 4.1 和 4.2 的结论也是吻合的。

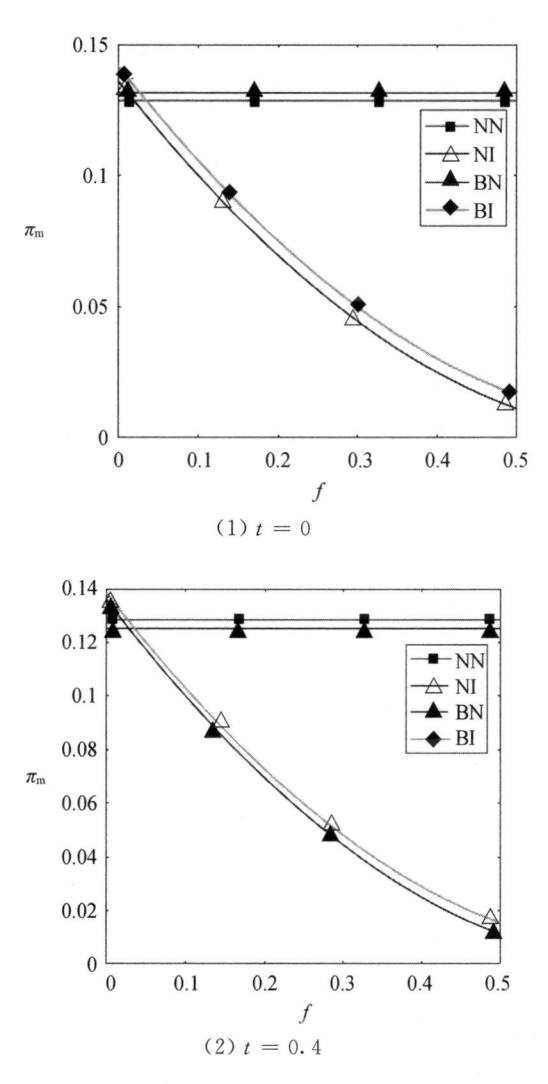

（1）$t=0$

（2）$t=0.4$

图 4.5　不同情景下制造商的均衡收益

最后，本书将分析当 $t=0$ 和 $t\neq 0$ 两种情形下制造商的收益变化。由图 4.5（1）可以发现，当线下渠道的退货处理成本等于 0 时，若退货运费险的保险费用较低，制造商在 BI 情景下能够获得更高的收益；若保险费用较高，则在 BN 情景下获得更高的收益。这一观察结果与本书定理 4.3 中所得到的结论也是一致的。当线下渠道的退货处理成本不等于 0 时，由图 4.5（2）可以发现结论会发生变化。具体来说，当退货运费险的保险费用较高时，制造商在 BI 情景下能够获得更高的收益；但是当保险费用较高时，制造商在 NN 情景下才能获得更高的收益。这主要是因为当线下渠道处理退货的成本增加时，制造商若实施全渠道退货策略，其需要承担的退货损失会增加；制造商若提供退货运费险，还需要支付额外的保险费用。其次，由图 4.4（2）可以发现，当退货运费险费用较高时，实施全渠道退货策略下的需求时小于不实施全渠道退货策略。因此，在这种情况下，制造商更倾向于既不提供退货运费险也不实施全渠道退货策略。这一发现也表明，只有尽可能降低线下渠道的退货处理成本，才能使得制造商能够在全渠道退货策略中获利。

4.6　本章小结

退货问题一直是电商发展过程中普遍存在的问题，而全渠道退货策略和退货运费险在一定程度上均能有效解决线上消费者的退货问题。当制造商企业实施全渠道退货策略时，即允许消费者前往线下实体店退货，势必会影响原本打算通过线上渠道退货的消费者，进而可能会造成其提供的退货运费险无法发挥作用。为了探讨退货运费险与全渠道退货策略之间的内在联系，本书考虑了制造商是否提供退货运费险和是否实施全渠道退货策略，并探讨了上述退货策略对企业定价决策和收益的影响，进而得出该制造商的最优定价与退货策略。

首先，本书分析了退货运费险和全渠道退货策略对制造商定价决策和需求的影响。在定价决策方面，研究发现当制造商提供退货运费险或者实施全渠道退货策略，均会使得产品的价格增加，这表明上述退货策略均会带来价格增长效应。在消费者需求方面，研究发现仅当购买退货运费险的费用较低时，提供退货运费险才能使得消费者需求增加；而实施全渠道策略总是能够吸引更多的消费者购买产品，即消费者需求总是增加的。

其次，本书分析了退货运费险和全渠道退货策略对制造商收益的影响。通过分析在不同退货策略下制造商的收益可以发现：一方面，提供全渠道退货服务总是能够使得制造商获得更高的收益，这主要是因为在实施该退货策略后，制造商会制订更高的产品价格且也会有更多的消费者购买该产品；另一方面，提供退货运费险并不能总是让制造商获益。具体来说，仅当购买退货运费险的费用较低时，提供退货运费险才能使得制造商获得更高的收益。

最后，本书分析了相关参数对制造商的最优退货策略的影响。结果表明当产品的不匹配率或消费者获得退货补偿越高时，制造商实施全渠道退货和提供退货运费险的意愿会更强烈；反之，当消费者需要承担的退货运费和消费者的线上购物成本越高时，制造商则更倾向于仅提供全渠道退货策略。此外，本章还通过数值分析进一步分析了线下渠道退货成本对制造商退货策略选择的影响。

第五章　全渠道模式下考虑线下提货的制造商供应链渠道协调策略研究

基于前两章对全渠道模式下制造商的定价策略的研究，可以发现在全渠道整合过程中，渠道成员之间可能会存在一些利益冲突。因此，本书将进一步研究全渠道模式下制造商的渠道协调策略。本章将探讨引入线上订购线下提货这一主流的全渠道运营模式后，渠道成员的最优服务决策；进一步地，针对渠道成员之间存在冲突的区域，制订相应的协调契约以实现渠道成员之间的共赢。

5.1　研究背景

随着互联网技术和电商行业的快速发展，很多企业开始采取双渠道甚至多渠道的销售策略。销售渠道的多样化为消费者实现跨渠道购买提供了便利，即消费者可以在线上搜索线下购买，或者在线下体验产品后在线上下单。因此，部分企业开始引入全渠道销售策略从而为消费者提供更好的消费体验，其中一种策略叫作"线上订购线下提货"（BOPS，buy-online-and-pickup-in-store）。在 2016 年，全球近 42% 的零售企业采取了该策略；一些零售巨头也在引入 BOPS 渠道后实现了收入的大幅增长。例如，在 2015 年，由 BOPS 渠道带来的收益分别占 Sam Club 和 Kmart 电子商务总销售额的 30.2% 和 22.6%[49]。此外，随着新冠肺炎的爆发，一些大型超市不得不暂时关闭实体店，并将注意力集中在电子商务上。BOPS 策略在一定程度上可以帮助他们解决疫情带来的难题。若企业引入 BOPS 策略，消费者可以在线上订购，然后前往企业指定的取货点或者实体店提取货物，能够极大程度上推动其线上市场的发展。

其次，购买渠道和产品的多样化，也使得消费者对商家提供的服务变得更加敏感，即一旦客户对原来选择的渠道提供的服务不满意，他们就更容易改变购买决策。因此，零售企业也开始重视其销售渠道的服务建设，并采取了相应措施，以求为消费者提供更好的购物体验。例如，法国化妆品品牌——兰蔻在实体店向消费者提供免费的化妆服务和个性化的导购推荐服务等；在其线上渠道（天猫旗舰店）则引入虚拟试妆功能，并优化购买页面的设计，为消费者提供更详细的产品介绍等。此外，戴尔为客户提供了软件安装、维护、电脑定制等服务。因此，在全渠道零售的背景下，制造商采用渠道协同的方式来提高服务水平和运营效率变得非常重要。当线下门店允许消费者通过线上订购线下提货（BOPS）的方式购买产品时，线上渠道和线下渠道如何决策其服务水平？BOPS 的采用是否对制造商和零售商有利？当引入 BOPS 会导致渠道冲突时，渠道成员之间如何协调？以上问题都是在全渠道模式下企业运营需要考虑的问题。

通过对已有文献的分析，可以发现现有文献主要集中分析了 BOPS 渠道对全渠道运营的影响，但并未考虑 BOPS 对已有渠道的服务决策的影响。关于双渠道背景下服务决策的研究并较少关注到该决策是如何受到 BOPS 渠道的影响。因此，基于上述现实背景和研究基础，本章构建了一个由拥有线上渠道的制造商和传统零售商组成的供应链模型，同时考虑到消费者的跨渠道购买行为,通过对比引入 BOPS 渠道前后渠道成员的最优服务水平和收益,进而分析 BOPS 对渠道成员的服务策略和收益的影响。最后,根据针对存在渠道冲突的区域,引入适当的协调契约以实现双赢的结果。

5.2 问题描述与假设

本章考虑由一个双渠道制造商和一个零售商组成的二级供应链,即制造商通过其线上渠道和零售商的线下渠道同时销售产品,其中,制造商与零售商之间为斯坦伯格(Stackelberg)博弈,即制造商为领导者,零售商为追随者。制造商的线上渠道为消费者提供的服务包括:(O1)在网站上搜索产品;(O2)提供有关虚拟产品的信息;(O3)交付产品;(O4)在线展示讨论和评论等。零售商的线下渠道提供的服务包括:(S1)即时触摸和获取真实产品;(S2)销售人员为消费者推荐产品;(S3)技术和购物协助;(S4)营造舒适的购物环境;(S5)店内广告和促销等。在实践中,消费者可以感知到不同渠道的服务水平。一些研究表明,服务水平可以通过相关参数来衡量,例如网站的浏览量、交付时间[116-117]。如果公司想要提高他们的服务水平,他们需要在与消费者购物体验相关的各种活动上进行更多投资。例如,对于在线购物,公司可以改进网站设计,提供免费送货服务,雇用更多在线客服人员等。对于线下购物,公司可以提供售前建议,提供技术和购物帮助,并改进商店环境。

对于消费者而言,他们可以选择从在线渠道、商店渠道,或在 BOPS 渠道购买产品。若消费者通过 BOPS 渠道购买产品时,其部分效用由线上线下服务活动构成,且 BOPS 渠道上提供的服务活动可能与线上/线下渠道的活动重叠。例如，当消费者选择通过BOPS渠道购买日常用品时，其会在网上搜索产品并下单，最后在实体店提取货物。在这一购买过程中，消费者经历过O1和S1的服务活动。但是，当消费者使用BOPS在线购买大型家电等时，其可能会先搜索，仔细阅读产品信息，并支付定金；然后再前往实体店查看实物，听专业介绍，要求产品演示，享受舒适的购物环境。最后，消费者支付剩余的费用并获得产品。在这一购买过程中，消费者经历过O1、O2、S1、S2、S3和S4的服务活动。本书使用α_o（α_s）来表示通过BOPS渠道购买过程中享受到的服务与线上（线下）服务重叠的比例；e_o（e_s）则分别表示线上渠道和线下渠道的服务水平。因此，BOPS渠道提供给消费者的服务水平为$\alpha_o e_o + \alpha_s e_s$。其次，消费者的购买决策主要受线上线下渠道的服务水平、产品所带来的价值（v，且$v > p$）和产品价格（p）的影响。因此，本书分别用u_o、u_s和u_b分别表示消费者从线上、线下和BOPS渠道购买产品所获得效用，且$u_o = v - p + d_o e_o$，$u_s = v - p + d_s e_s$，$u_b = v - p + d_o \alpha_o e_o + d_s \alpha_s e_s$。其中，符号$d_o$和$d_s$分别表示的是消费者对线上和线下服务水平的感知程度。考虑到消费者的异质性，本书假设消费者均匀分布在$\{(d_o, d_s \mid d_o \in [0, 1], d_s \in [0, 1]\}$的矩形区域内。

在现实中，大多数双渠道企业在线上和线下渠道都采取"同品同价"的策略。因此，本书假设在线上线下渠道上销售的产品价格相同，均为p；产品批发价为w；参数c则表示为制造商建立直销渠道的渠道成本。例如，美特斯邦威，国内知名服装品牌，其在建设线上渠道方面花费了将近120万元。关于渠道成本的假设也广泛应用在厂商入侵的文献中[118-120]。此外，本书主要关注服务投资的固定成本，即一次性投资。例如，在线上渠道的销售过程中，公司需要承担相应的服务成本，例如仓库建设/租赁成本、雇用在线客服人员的用人成本以及将产品交付给消费者的物流成本等。建立在线网站/仓库和雇用员工的成本相当可观，可以视为固定成本。对于线下渠道的销售，企业需要承担店铺租赁成本、员工招聘/培训成本等，这些成本也是固定成本。因此，本书假设线上和线下渠道维持服务水平的成本分别为 $m_o e_o^2$ 和 $m_s e_s^2$，其中 m_o 和 m_s 代表这些服务的成本参数。关于服务成本的假设在 Xie 等[121]和 Zhang 等[122]研究中被广泛使用。本书所涉及的符号如表 5.1 所示。上标"＊"代表均衡解。

为了简化分析，本书的基本假设如下所示：

（1）消费者总体数量为单位 1，且每个消费者至多购买一个产品；

（2）线上线下渠道上销售的产品价格相同；

（3）消费者和企业都是理性且风险中性的，即消费者、制造商和零售商会根据自身利益最大化做出最优决策。

表 5.1 符号含义表

符号	含义（单位任意）
$i = o, s, b$	购买渠道，其中 o 表示制造商的线上渠道；s 表示零售商的线下渠道；b 表示 BOPS 渠道
$y = N, B$	情景，N 表示未引入 BOPS 渠道；B 表示引入 BOPS 渠道
c	制造商建设线上渠道的渠道成本
w	产品批发价
p	产品零售价
v	产品为消费者带来的价值
u	消费者选择购买其他产品所获得的最大效用，即最大的外部效用
s_i^y	在情景 y 中渠道 i 的消费者需求
d_i	消费者对渠道 i 所提供的服务的感知系数

续表

符号	含义（单位任意）
α_i	BOPS 渠道所提供的服务与渠道 i 所提供的服务重叠的部分
e_i^y	在情景 y 中渠道 i 的服务水平
u_i	消费者从渠道 i 购买产品所获得的效用
m_i	渠道 i 提供服务水平的成本
π_o^y	在情景 y 中制造商的收益
π_s^y	在情景 y 中零售商的收益

5.3 模型构建与求解

本节将分析在制造商引入 BOPS 渠道前后两种情景下渠道成员的服务决策。本书假设制造商的线上渠道和线下渠道地位相等，即制造商和零售商会同时决策各自渠道的最优服务水平。作为基准模型，下文首先分析制造商未引入 BOPS 渠道的情景，记作 N；其次，进一步分析制造商引入 BOPS 渠道的情景，记作 B。为了保证 BOPS 渠道的存在，本书主要关注 $d_s \in \left(\frac{(1-\alpha_o)e_o}{\alpha_s e_s} d_o, \frac{\alpha_o e_o}{(1-\alpha_s)e_s} d_o \right)$。这是因为仅当消费者通过 BOPS 渠道购买产品获得的效用最高时（即 $u_b > \max\{u_o, u_s\}$），消费者才会选择 BOPS 渠道。由此可以推导出，仅在上述范围内 BOPS 渠道才会存在。

5.3.1 未引入 BOPS 渠道（N）

本部分首先关注当 $\bar{u} \neq 0$ 时，即消费者能够从外部选择中获取的最大效用不为 0，制造商未引入 BOPS 渠道的基本情景。当消费者从外部选择中获得的效用不为 0 时,也意味着市场中存在着其他竞争者,且同时向消费者销售产品。如图 5.1 所示,消费者在 $\{(d_o, d_s \mid d_o \in [0, 1], d_s \in [0, 1]\}$ 的矩形区域均匀分布,且他们根据自身效用最大化选择购物渠道,具体的消费者购物决策分布如图 5.1 所示。

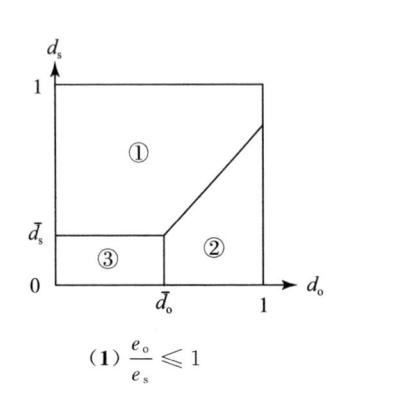

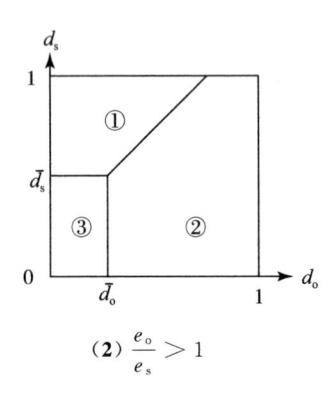

图 5.1 情景 N 下的消费者需求分布图

在图 5.1 中,区域①的消费者会选择从线下渠道购买产品;区域②的消费者则会选择从线上购买产品;区域③的消费者会选择购买其他企业销售的产品。为了便于分析,记 $\bar{d}_o = \dfrac{(\bar{u}+p-v)}{e_o}$,$\bar{d}_s = \dfrac{(\bar{u}+p-v)}{e_s}$。由此可以得到各个渠道的消费者函数如下所示:

(1) 当 $e_o/e_s \leqslant 1$ 时,线上渠道的需求量为 $s_o^N = \dfrac{e_o}{2e_s} - \dfrac{\bar{d}_o \bar{d}_s}{2}$,线下渠道的需求量为 $s_s^N = 1 - s_o^N - \bar{d}_o \bar{d}_s$;

(2) 当 $e_o/e_s > 1$,线下渠道的需求量为 $s_s^N = \dfrac{e_s}{2e_o} - \dfrac{\bar{d}_o \bar{d}_s}{2}$,线上渠道的需求量为 $s_o^N = 1 - s_s^N - \bar{d}_o \bar{d}_s$。零售商和制造商的收益函数分别如下

所示：

$$\pi_s^N = (p-w)s_s^N - m_s e_s^2 \tag{5.1}$$

$$\pi_o^N = ps_o^N + ws_s^N - c - m_o e_o^2 \tag{5.2}$$

根据博弈顺序，对制造商和零售商的收益分别关于它们各自的服务水平进行求导，由此可得其最优的服务水平和收益，如引理 5.1 所示。

引理 5.1 在没有引入 BOPS 渠道的情景下：

（1）若 $e_o/e_s \leqslant 1$，制造商和零售商制订的最优的服务水平为 $e_o^{N*} = \arg\{N_1=0, N_2=0\}$，$e_s^{N*} = \arg\{N_1=0, N_2=0\}$；制造商和零售商的最优收益分别为

$$\pi_o^{N*} = \frac{e_o^{N*2}(p-w) - (\bar{u}+p-v)^2(p+w)}{2e_o^{N*}e_s^{N*}} + w - c - m_o e_o^{N*2}, \quad \pi_s^{N*}$$

$$= p - w - \frac{[e_o^{N*2} + (\bar{u}+p-v)^2](p-w)}{2e_o^{N*}e_s^{N*}} - m_s e_s^{N*2}。$$

（2）若 $e_o/e_s > 1$，制造商和零售商制订的最优的服务水平为

$$e_o^{N*} = \arg\{N_3=0, N_4=0\},$$

$$e_s^{N*} = \arg\{N_3=0, N_4=0\};$$

制造商和零售商的最优收益分别为

$$\pi_o^{N*} = p - c - \frac{e_s^{N*2}(p-w) + (\bar{u}+p-v)^2(p+w)}{2e_o^{N*}e_s^{N*}} - m_o e_o^{N*2},$$

$$\pi_s^{N*} = \frac{[e_s^{N*2} - (\bar{u}+p-v)^2](p-w)}{2e_o^{N*}e_s^{N*}} - m_s e_s^{N*2}。$$

其中，$N_1 = \dfrac{e_o^2(p-w) + (\bar{u}+p-v)^2(p+w) - 4m_o e_o^3 e_s}{2e_o^2 e_s}$，

$N_2 = \dfrac{e_o^2(p-w) + (\bar{u}+p-v)^2(p+w) - 4m_s e_s^3 e_o}{2e_s^2 e_o}$，

$N_3 = \dfrac{e_s^2(p-w) + (\bar{u}+p-v)^2(p+w) - 4m_o e_o^3 e_s}{2e_o^2 e_s}$，

$$N_4 = \frac{e_s^2(p-w) + (\bar{u}+p-v)^2(p-w) - 4m_s e_s^3 e_o}{2e_s^2 e_o}.$$

证明：首先，本部分讨论在 $e_o/e_s \leqslant 1$ 情形下制造商和零售商的最优决策。将需求函数代入制造商的收益函数，并对 π_o^N 关于 e_o 求二阶偏导数，可以得到 $\dfrac{\partial^2 \pi_o^N}{\partial^2 e_o} = -\dfrac{2m_o e_o^3 e_s + (\bar{u}+p-v)^2(p+w)}{e_o^3 e_s} < 0$，即存在最优解；相似地，对 π_s^N 关于 e_s 求二阶偏导数，可以得到 $\dfrac{\partial^2 \pi_s^N}{\partial^2 e_s} = -\dfrac{2m_s e_s^3 e_o + [(\bar{u}+p-v)^2 + e_o^2](p-w)}{e_s^3 e_o} < 0$，即存在最优解。联立 $\dfrac{\partial \pi_o^N}{\partial e_o} = 0$ 和 $\dfrac{\partial \pi_s^N}{\partial e_s} = 0$，可以得到制造商和零售商的最优服务水平 e_o^{N*} 和 e_s^{N*}。

其次，本部分讨论在 $e_o/e_s > 1$ 情形下制造商和零售商的最优决策。将需求函数代入制造商的收益函数，并对 π_o^N 关于 e_o 求二阶偏导数，可以得到 $\dfrac{\partial^2 \pi_o^N}{\partial^2 e_o} = -\dfrac{2m_o e_o^3 e_s + e_s^2(p-w) + (\bar{u}+p-v)^2(p+w)}{e_o^3 e_s} < 0$，即存在最优解；相似地，对 π_s^N 关于 e_s 求二阶偏导数，可以得到 $\dfrac{\partial^2 \pi_s^N}{\partial^2 e_s} = -\dfrac{2m_s e_s^3 e_o + (\bar{u}+p-v)^2(p-w)}{e_s^3 e_o} < 0$，即存在最优解。联立 $\dfrac{\partial \pi_o^N}{\partial e_o} = 0$ 和 $\dfrac{\partial \pi_s^N}{\partial e_s} = 0$，可以得到制造商和零售商的最优服务水平 e_o^{N*} 和 e_s^{N*}。将上述最优决策代入制造商和零售商的收益函数，可得引理 5.1。证毕。

由引理 5.1 可得在情景 N，即当制造商未引入 BOPS 渠道时，制造商和零售商的最优决策。可以发现当线下渠道的服务水平增加时，制造商的收益会减少,而零售商的收益会增加;当线上的服务水平增加时,零售商的收益会减少,而制造商的收益会增加。这主要是因为当线下的服务水平增加时,线上(线下)渠道的需求会减少(增加);当线上的服务水平增加时,线下(线上)渠道的需求则会减少(增加)。因此,制造商与零售商的收益也会相应发生变化。

5.3.2 引入 BOPS 渠道(B)

本节将继续考虑当引入 BOPS 渠道时的情景。为了保证 BOPS 渠道的存在,下文仅关注 $a_o+a_s>1$ 时的情景。这主要是因为当 $a_o+a_s \leqslant 1$ 时,消费者从 BOPS 渠道购买产品所获得的效用,即 $d_o a_o e_o + d_s a_s e_s$ 会小于在其他渠道购买获得的效用,这也就意味着没有消费者会选择通过 BOPS 渠道购买产品。当 BOPS 渠道被引进时,可以发现消费者购买决策会发生显著变化,具体如图 5.2 所示。对比图 5.1 可以发现,除了图 5.1 中原有的三部分消费者,BOPS 渠道的引入会吸引部分消费者选择通过该渠道购买产品。图 5.2 中的 4a 区域表示的是原本通过线下渠道直接购买产品的消费者会转向通过 BOPS 渠道购买;4b 区域表示的是原本通过线上渠道直接购买产品的消费者会转向通过 BOPS 渠道购买;而 4c 区域则表示的是原本不购买产品的消费者会因为 BOPS 的引入选择购买该产品。这表明 BOPS 渠道的引入是能够为企业吸引到新的消费者。本书用符号 s_i 来表示在情景 B 下消费者的需求,

且 $s_i = \iint_{f_i} 1 \mathrm{d}d_o \mathrm{d}d_s$,

其中 $i=$ o, s, l, ob, sb, lb,

$f_o = \{(d_o, d_s) \mid u_o > \max(u_b, u_s, \bar{u})\}$,

$f_s = \{(d_o, d_s) \mid u_s > \max(u_b, u_o, \bar{u})\}$,

$f_l = \{(d_o, d_s) \mid \bar{u} > \max(u_b, u_s, u_o)\}$,

$f_{ob} = \{(d_o, d_s) \mid u_b > \max(u_o, u_s, \bar{u}), u_o > \max(u_s, \bar{u})\}$,

$$f_{sb} = \{(d_o, d_s) \mid u_b > \max(u_o, u_s, \bar{u}), u_s > \max(u_o, \bar{u})\},$$
$$f_{lb} = \{(d_o, d_s) \mid u_b > \max(u_o, u_s, \bar{u}), \bar{u} > \max(u_s, u_o)\}.$$

(1) $\dfrac{e_o}{e_s} \leqslant \dfrac{(1-\alpha_s)}{\alpha_o}$ (2) $\dfrac{(1-\alpha_s)}{\alpha_o} < \dfrac{e_o}{e_s} \leqslant \dfrac{\alpha_s}{(1-\alpha_o)}$ (3) $\dfrac{e_o}{e_s} > \dfrac{\alpha_s}{(1-\alpha_o)}$

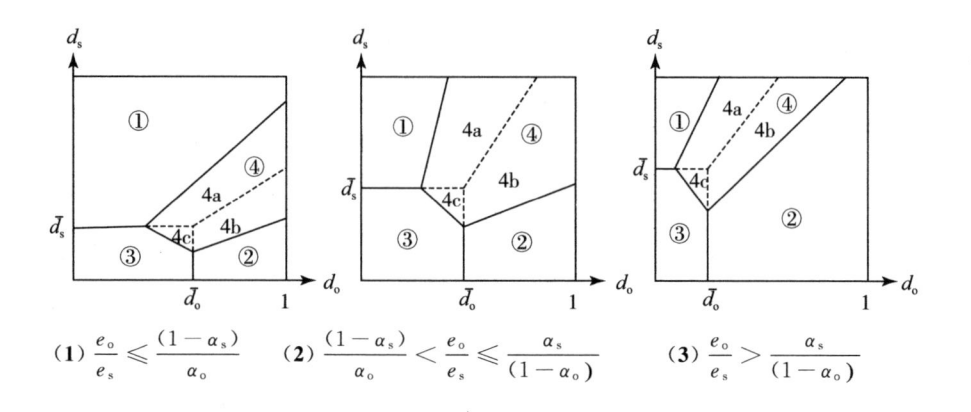

图 5.2　情景 B 下的消费者需求分布图

为了便于标记，本书定义 $k = \alpha_s/(1-\alpha_o)$。根据图5.2可以进一步得到每个渠道在 B 情景下的需求函数，具体如下所示：

(1) 当 $e_o/e_s \leqslant k$ 时，线上渠道的需求量为 $s_o^B = \dfrac{(1-\alpha_o)e_o}{2\alpha_s e_s} - \dfrac{(1-\alpha_o)}{2\alpha_s}\bar{d}_o\bar{d}_s$，线下渠道的需求量为 $s_s^B = s_o^B + s_{sb} + s_{ob} = 1 - s_o^B - \bar{d}_o\bar{d}_s$，BOPS 渠道所吸引的潜在消费者的需求量为 $s_{lb} = \dfrac{(\alpha_s + \alpha_o - 1)^2}{2\alpha_s\alpha_o}\bar{d}_o\bar{d}_s$；

(2) 当 $e_o/e_s > k$ 时，线下渠道的需求量为 $s_s^B = s_o^B + s_{sb} + s_{ob} = \dfrac{\alpha_s e_s}{2(1-\alpha_o)e_o} - \left[1 - \dfrac{(1-\alpha_o)}{2\alpha_s}\right]\bar{d}_o\bar{d}_s$，线上渠道的需求量为 $s_o^B = 1 - s_s^B - \bar{d}_o\bar{d}_s$，BOPS 渠道所吸引的潜在消费者的需求量为 $s_{lb} = \dfrac{1}{2\alpha_s\alpha_o}(\alpha_s + \alpha_o - 1)^2\bar{d}_o\bar{d}_s$。零售商和制造商的收益函数如下所示：

$$\pi_s^B = (p-w)(s_s^B + s_{sb} + s_{ob} + s_{lb}) - m_s e_s^2 \quad (5.3)$$

$$\pi_o^B = ps_o^B + w(s_s^B + s_{sb} + s_{ob} + s_{lb}) - c - m_o e_o^2 \qquad (5.4)$$

通过逆序求解的方式，可以得到在情景 B 下制造商和零售商的最优服务决策和收益，如引理 5.2 所示。

引理 5.2 在引入 BOPS 渠道的情景下：

(1) 若 $e_o/e_s \leqslant k$，制造商和零售商制订的最优服务水平为

$$e_o^{B*} = \frac{1}{e_o}\arg\{B_1=0, B_2=0\}, \quad e_s^{B*} = \frac{1}{e_s}\arg\{B_1=0, B_2=0\};$$

制造商和零售商的最优收益分别为

$$\pi_o^{B*} = w + \frac{1}{2e_o^{B*} e_s^{B*} \alpha_s \alpha_o} \cdot \{(e_o^{B*})^2 \alpha_o (1-\alpha_o)(p-w) - (\bar{u}+p-v)^2$$
$$[\alpha_o(1-\alpha_o)p + (2\alpha_s + \alpha_o - 1 - \alpha_s^2)w]) - c - m_o(e_o^{B*})^2\},$$

$$\pi_s^{B*} = \frac{1}{2e_o^{B*} e_s^{B*} \alpha_s \alpha_o} \cdot \{[2e_o^{B*} e_s^{B*} \alpha_s \alpha_o - e_o^{B*2} \alpha_o(1-\alpha_o) -$$
$$(\bar{u}+p-v)^2 (2\alpha_s + \alpha_o - 1 - \alpha_s^2)](p-w)\}$$
$$- m_s e_s^{B*2};$$

(2) 若 $e_o/e_s > k$，制造商和零售商制订的最优服务水平为

$$e_o^{B*} = \frac{1}{e_o}\arg\{B_3=0, B_4=0\}, \quad e_s^{B*} = \frac{1}{e_s}\arg\{B_3=0, B_4=0\};$$

制造商和零售商的最优收益分别为

$$\pi_o^{B*} = p - c - \frac{1}{2e_o^{B*} e_s^{B*} \alpha_s \alpha_o (1-\alpha_o)} \cdot \{e_s^{B*2} \alpha_s^2 \alpha_o(p-w) + (\bar{u}+p$$
$$-v)^2 (1-\alpha_o)[\alpha_o(1-\alpha_o)p$$
$$+ (2\alpha_s + \alpha_o - 1 -$$
$$\alpha_s^2)w]\} - m_o e_o^{B*2},$$

$$\pi_s^{B*} = \frac{1}{2e_o^{B*}e_s^{B*}\alpha_s\alpha_o(1-\alpha_o)} \cdot \{[e_s^{B*2}\alpha_s^2\alpha_o - (\bar{u}+p-v)^2(2\alpha_s+\alpha_o-1-\alpha_s^2)(1-\alpha_o)](p-w)\} - m_s e_s^{B*2}.$$

证明：首先，本部分讨论在 $e_o/e_s \leqslant k$ 情形下制造商和零售商的最优决策。将需求函数代入制造商的收益函数，并对 π_o^S 关于 e_o 求二阶偏导数，

可以得到

$$\frac{\partial^2 \pi_o^S}{\partial^2 e_o} = -\frac{1}{e_o^3 e_s \alpha_s \alpha_o} \cdot \{2m_o e_o^3 e_s \alpha_s \alpha_o + (\bar{u}+p-v)[\alpha_o(1-\alpha_o)p + (2\alpha_s+\alpha_o-1-\alpha_s^2)w]\} < 0,$$

即存在最优解；相似地，对 π_s^S 关于 e_s 求二阶偏导数，

可以得到

$$\frac{\partial^2 \pi_s^S}{\partial^2 e_s} = -\frac{1}{e_s^3 e_o \alpha_s \alpha_o} \cdot \{e_o^3 \alpha_o(1-\alpha_o)(p-w) + 2m_s e_s^3 e_o \alpha_s \alpha_o + (\bar{u}+p-v)(2\alpha_s+\alpha_o-1-\alpha_s^2)(p-w)\} < 0,$$

即存在最优解。联立 $\frac{\partial \pi_o^S}{\partial e_o}=0$ 和 $\frac{\partial \pi_s^S}{\partial e_s}=0$，可以得到制造商和零售商的最优服务水平 e_o^{S*} 和 e_s^{S*}。

其次，本部分讨论在 $e_o/e_s > k$ 情形下制造商和零售商的最优决策。将需求函数代入制造商的收益函数，并对 π_o^S 关于 e_o 求二阶偏导数，

可以得到

$$\frac{\partial^2 \pi_o^S}{\partial^2 e_o} = -\frac{1}{e_o^3 e_s \alpha_s \alpha_o(1-\alpha_o)} \cdot \{2m_o e_o^3 e_s \alpha_s \alpha_o(1-\alpha_o) + e_s^2 \alpha_s^2 \alpha_o(p-w) + (\bar{u}+p-v)^2(1-\alpha_o)[\alpha_o(1-\alpha_o)p + (2\alpha_s+\alpha_o-1-\alpha_s^2)w]\} < 0,$$

即存在最优解；相似地，对 π_s^S 关于 e_s 求二阶偏导数，可以得到

$$\frac{\partial^2 \pi_s^S}{\partial^2 e_s} = -\frac{1}{e_s^3 e_o \alpha_s \alpha_o} \cdot \{2m_s e_s^3 e_o \alpha_s \alpha_o + (\bar{u}+p-v)^2 (2\alpha_s + \alpha_o - 1 - \alpha_s^2)(p-w)\} < 0,$$

即存在最优解。联立 $\dfrac{\partial \pi_o^S}{\partial e_o}=0$ 和 $\dfrac{\partial \pi_s^S}{\partial e_s}=0$，可以得到制造商和零售商的最优服务水平 e_o^{S*} 和 e_s^{S*}。将上述最优决策代入制造商和零售商的收益函数，可得引理 5.2。证毕。

与引理 5.1 相似，可以发现当 BOPS 渠道被引入时，随着线下渠道的服务水平增加，制造商的收益会减少；而当线上渠道的服务水平增加时，零售商的收益则会减少。其次，当消费者在 BOPS 渠道购买产品所享受到的服务与线上和线下渠道提供的服务重合的比例越高时，制造商和零售商的收益也会随之增加。这主要是因为当 BOPS 渠道为消费者提供的服务越多时，吸引的消费者也会随之增加，因此制造商和零售商也会获得更高的收益。

5.4 对比分析

通过对比在引入 BOPS 渠道前后供应链成员的服务决策和收益，本节将分析 BOPS 渠道对线上线下渠道的服务决策，以及制造商和零售商收益的影响。考虑到在一般情况下，即 $\bar{u} \neq 0$，供应链成员的均衡收益表达式过于复杂且难以通过数学证明的方式进行分析。因此，在供应链成员的收益分析部分，即 5.4.2 小节，该部分首先分析当 $\bar{u}=0$ 时引入 BOPS 渠道对供应链成员收益的影响；其次采用数值模拟的方式进一步

分析当 $\bar{u} \neq 0$ 时的情况。

5.4.1 BOPS 渠道对服务决策的影响

当 $\bar{u}=0$ 时，即消费者购买其他产品所获得的效用为零，此时制造商和零售商处于一个寡头市场中。根据引理 5.1 和引理 5.2 可以得到在情景 N 和情景 B 下制造商和零售商的最优服务决策，如引理 5.3 所示。

引理 5.3 当未引入 BOPS 渠道时：

(1) 若 $m_s/m_o \leqslant 1$，零售商和制造商制订的最优服务水平为 $e_s^{N*} = \sqrt[4]{\dfrac{(p-w)^2}{16\, m_o\, m_s}}$，$e_o^{N*} = \sqrt[4]{\dfrac{(p-w)^2\, m_s}{16\, m_o^3}}$；

(2) 若 $m_s/m_o > 1$，零售商和制造商制订的最优服务水平为 $e_s^{N*} = \sqrt[4]{\dfrac{(p-w)^2\, m_o}{16\, m_s^3}}$，$e_o^{N*} = \sqrt[4]{\dfrac{(p-w)^2}{16\, m_o\, m_s}}$。

当引入 BOPS 渠道时：

(1) 若 $m_s/m_o \leqslant k^2$，零售商和制造商制订的最优服务水平为 $e_s^{B*} = \sqrt[4]{\dfrac{(p-w)^2}{16\, m_o\, m_s\, k^2}}$，$e_o^{B*} = \sqrt[4]{\dfrac{(p-w)^2\, m_s}{16\, m_o^3\, k^2}}$；

(2) 若 $m_s/m_o > k^2$，零售商和制造商制订的最优服务水平为 $e_s^{B*} = \sqrt[4]{\dfrac{(p-w)^2\, m_o\, k^2}{16\, m_s^3}}$，$e_o^{B*} = \sqrt[4]{\dfrac{(p-w)^2\, k^2}{16\, m_o\, m_s}}$。

证明：引理 5.3 的证明逻辑与引理 5.1 和引理 5.2 相似，故略。证毕。

由上述结果可以发现，渠道成员的最优服务决策主要受渠道的服务成本系数影响。具体来说，当提供服务成本的系数较小时，该渠道会制订一个较高的服务水平，从而吸引更多的消费者。在现实中，很多网络零售商和实体店也开始致力于通过引入一些先进的技术和高效的管理方式来提高服务水平,例如一些商超引入自助支付系统,而一些电商巨头,像京东,则采用无人机等方式派送商品等等。进一步地,从引理 5.3 的结果中也可以发现,随着 BOPS 渠道的引入,影响渠道成员的服务决策的阈值从 $m_s/m_o=1$ 转变为 $m_s/m_o=k^2$。这主要是因为在 BOPS 渠道引入后,部分原本会直接在实体店购买产品的消费者会转向选择在线上渠道下单,然后前往线下渠道提货,这样也就导致线下渠道的消费者因 BOPS 渠道的存在而流失,且这部分消费者的数量,即 s_{ob} 的大小,与参数 α_o 和 α_s 有关。因此,通过适当的调整 BOPS 渠道提供的服务在线上线下渠道服务所占的比例(即参数 k)能够改变线下渠道的消费者流失量,从而也会间接地影响渠道成员的服务决策。

通过比较情景 N 和 B 下渠道成员的服务决策,可以得到定理 5.1。

定理 5.1 在引入 BOPS 渠道后,若 $m_s/m_o \leqslant k^2$,线上渠道和线下渠道的服务水平均会下降;若 $m_s/m_o > k^2$,线上渠道和线下渠道的服务水平均会增加。

证明:当 $m_s/m_o \leqslant 1$,有 $\dfrac{e_o^{B*}}{e_o^{N*}} = \dfrac{e_s^{B*}}{e_s^{N*}} = \dfrac{1}{\sqrt{k}} < 1$,即 $e_o^{B*} < e_o^{N*}$ 且 $e_s^{B*} < e_s^{N*}$;当 $1 < m_s/m_o \leqslant k^2$,有 $\dfrac{e_o^{B*}}{e_o^{N*}} = \dfrac{e_s^{B*}}{e_s^{N*}} = \sqrt{\dfrac{m_s}{k m_o}} < 1$,即 $e_o^{B*} < e_o^{N*}$ 且 $e_s^{B*} < e_s^{N*}$;当 $m_s/m_o > k^2$,有 $\dfrac{e_o^{B*}}{e_o^{N*}} = \dfrac{e_s^{B*}}{e_s^{N*}} = \sqrt{k} > 1$,即 $e_o^{B*} > e_o^{N*}$ 且 $e_s^{B*} > e_s^{N*}$。由此,可以得到定理 5.1。证毕。

为了便于分析,本书将 m_s/α_s^2 定义为线下渠道与 BOPS 渠道重叠部分的服务的成本系数,将 $m_o/(1-\alpha_o)^2$ 定义为线上渠道与 BOPS 渠道不重叠部分的服务的成本系数。定理 5.1 的结果表明,当 $m_o/(1-\alpha_o)^2 > m_s/\alpha_s^2$(即 $m_s/m_o \leqslant k^2$)时,也就意味着提高线上渠道的服务成本会更高,因此,线上渠道会降低其服务水平。在这种情况下,消费者在线下渠道购买产品可能会获得更高的效用。进一步地，即使提高线下渠道的服务水平的成本较低，零售商也有可能会拒绝提高其服务水平。这主要是因为相比线上渠道而言，其较低的服务水平足以保证零售商可以吸引到足够的消费者并从中获利。当 $m_s/m_o > k^2$ 时，也就意味着提高线上服务水平的成本较低，线上渠道会提高其服务水平从而获得更大的消费者市场。与此同时，线下渠道也会相应地提高其服务水平。在现实生活中，生鲜产品符合 $m_s/m_o > k^2$ 的特征，因此这类产品应注重提高其渠道的服务水平。而像珠宝、电子产品等则更契合 $m_s/m_o \leqslant k^2$ 的特征，因此，对于这类产品而言，在引入 BOPS 渠道后，渠道成员们无须提高他们的渠道服务水平。

5.4.2　BOPS 渠道对收益的影响

本小节将进一步分析 BOPS 渠道对制造商和零售商收益的影响。与 5.4.1 节相同，本部分推导出当 $\bar{u}=0$ 时，渠道成员在情景 N 和 B 下的最优收益，具体如引理 5.4 所示。

引理 5.4

（1）当未引入 BOPS 渠道时，若 $m_s/m_o \leqslant 1$，制造商和零售商的最优收益为 $\pi_s^{N*} = (p-w) - \dfrac{3\sqrt{m_s}(p-w)}{4\sqrt{m_o}}$，$\pi_o^{N*} = \dfrac{\sqrt{m_s}(p-w)}{4\sqrt{m_o}} + w - c$；若 $m_s/m_o > 1$，制造商和零售商的最优收益为 $\pi_s^{N*} = \dfrac{\sqrt{m_o}(p-w)}{4\sqrt{m_s}}$，$\pi_o^{N*} = p - c - \dfrac{3\sqrt{m_o}(p-w)}{4\sqrt{m_s}}$。

（2）当引入 BOPS 渠道时，若 $m_s/m_o \leqslant k^2$，制造商和零售商的最优收益为 $\pi_s^{B*} = (p-w) - \dfrac{3\sqrt{m_s}(p-w)}{4k\sqrt{m_o}}$，$\pi_o^{B*} = \dfrac{\sqrt{m_s}(p-w)}{4k\sqrt{m_o}} + w - c$；若 $m_s/$

$m_o > k^2$,制造商和零售商的最优收益为 $\pi_s^{B*} = \dfrac{\sqrt{m_o}(p-w)k}{4\sqrt{m_s}}$,$\pi_o^{B*} = p - c - \dfrac{3\sqrt{m_o}(p-w)k}{4\sqrt{m_s}}$。

证明: 将引理 5.3 中情景 N 和情景 B 下线上渠道和线下渠道的最优服务水平分别代入制造商和零售商的收益函数,就可以得到在情景 N 和情景 B 下的最优收益。由此,可以得到引理 5.4。证毕。

通过对比两种情景下制造商和零售商的收益,下文将进一步揭示引入 BOPS 渠道是如何影响渠道成员的收益,具体如定理 5.2 所示。

定理 5.2 (1) 在引入 BOPS 渠道之后,零售商的收益会增加,而制造商的收益则会减少;(2) 若 $m_s/m_o \leqslant k^2$,渠道成员的总体收益会增加;若 $m_s/m_o > k^2$,渠道成员的总体收益会减少。

证明: 首先,本定理对制造商和零售商的收益进行比较。

(1) 在 $m_s/m_o \leqslant 1$ 情形下,

有 $\Delta \pi_s = \pi_s^{B*} - \pi_s^{N*} = \dfrac{3\sqrt{m_s}(p-w)(\alpha_s + \alpha_o - 1)}{4\alpha_s \sqrt{m_o}} > 0$,

$\Delta \pi_o = \pi_o^{B*} - \pi_o^{N*} = -\dfrac{\sqrt{m_s}(p-w)(\alpha_s + \alpha_o - 1)}{4\alpha_s \sqrt{m_o}} < 0$;

(2) 在 $1 < m_s/m_o \leqslant k^2$ 情形下,

有 $\Delta \pi_s = \pi_s^{B*} - \pi_s^{N*} = (p-w)\left[1 - \dfrac{3\sqrt{m_s}(1-\alpha_o)}{4\alpha_s\sqrt{m_o}} - \dfrac{\sqrt{m_o}}{4\sqrt{m_s}}\right] > 0$,

$\Delta \pi_o = \pi_o^{B*} - \pi_o^{N*} = (p-w)\left[\dfrac{\sqrt{m_s}(1-\alpha_o)}{4\alpha_s\sqrt{m_o}} + \dfrac{3\sqrt{m_o}}{4\sqrt{m_s}} - 1\right] < 0$;

(3) 在 $m_s/m_o > k^2$ 情形下,

有 $\Delta \pi_s = \pi_s^{B*} - \pi_s^{N*} = \dfrac{\sqrt{m_o}(p-w)}{4\sqrt{m_s}}\left[\dfrac{\alpha_s}{(1-\alpha_o)} - 1\right] > 0$,

$$\Delta \pi_\mathrm{o} = \pi_\mathrm{o}^{B*} - \pi_\mathrm{o}^{N*} = \frac{\sqrt{m_\mathrm{o}}\,(p-w)}{4\sqrt{m_\mathrm{s}}}\left[1 - \frac{\alpha_\mathrm{s}}{(1-\alpha_\mathrm{o})}\right] < 0。$$

其次，本定理对供应链总体收益进行比较。

记 $\pi^{B*} = \pi_\mathrm{o}^{B*} + \pi_\mathrm{s}^{B*}$，$\pi^{N*} = \pi_\mathrm{o}^{N*} + \pi_\mathrm{s}^{N*}$。

(1) 在 $m_\mathrm{s}/m_\mathrm{o} \leqslant 1$ 情形下，有

$$\pi^{B*} - \pi^{N*} = \frac{\sqrt{m_\mathrm{s}}\,(p-w)(\alpha_\mathrm{s}+\alpha_\mathrm{o}-1)}{2\sqrt{m_\mathrm{o}}} > 0；$$

(2) 在 $1 < m_\mathrm{s}/m_\mathrm{o} \leqslant k^2$ 情形下，有

$$\pi^{B*} - \pi^{N*} = \frac{(p-w)}{2}\left[\frac{\alpha_\mathrm{s} m_\mathrm{o} - (1-\alpha_\mathrm{o}) m_\mathrm{s}}{\alpha_\mathrm{s} \sqrt{m_\mathrm{o} m_\mathrm{s}}}\right] > 0；$$

(3) 在 $m_\mathrm{s}/m_\mathrm{o} > k^2$ 情形下，有

$$\pi^{B*} - \pi^{N*} = \frac{\sqrt{m_\mathrm{o}}\,(p-w)}{2\sqrt{m_\mathrm{s}}}\left[1 - \frac{\alpha_\mathrm{s}}{(1-\alpha_\mathrm{o})}\right] < 0。$$

由此，可以得到定理 5.2。证毕。

在需求分析部分可以得知，BOPS 渠道的引入会吸引更多的消费者在线下渠道购买产品，因此引入 BOPS 渠道对零售商来说总是有利的；但是 BOPS 渠道的引入对制造商来说则是不利的。这主要是因为当引入 BOPS 渠道之后，存在部分原本打算在线上渠道购买产品的消费者会改变它们的购买渠道，即通过线上订购线下提货的方式购买产品。在这种情况下，制造商在其直销渠道的收益（ps_ob^{B}）会减少。虽然线下消费者的增加会导致其线下渠道的批发收益（ws_ob^{B}）增加，但是批发收入的增长量无法弥补在直销渠道上因消费者流失带来的损失。因此，制造商的总体收益是受损的。

上文的分析关注了当制造商和零售商在一个寡头市场中（$\bar{u}=0$），BOPS 渠道的引入是如何影响渠道成员的收益。下文将进一步讨论当消费者在市场中可以购买到其他品牌产品时，即竞争市场环境下（$\bar{u} \neq$

0），BOPS渠道的引入对渠道成员的影响。由于在该种情景下，关于制造商和零售商的服务决策以及收益均衡解较为复杂，本部分将采用数值模拟的方式进行探讨。假设 $p=500, w=200, \alpha_s=0.6, \alpha_o=0.7$，且 $\bar{u}+p-v=1$，根据引理 5.1 和 5.2 中的均衡解，可以得到图 5.3~5.5。

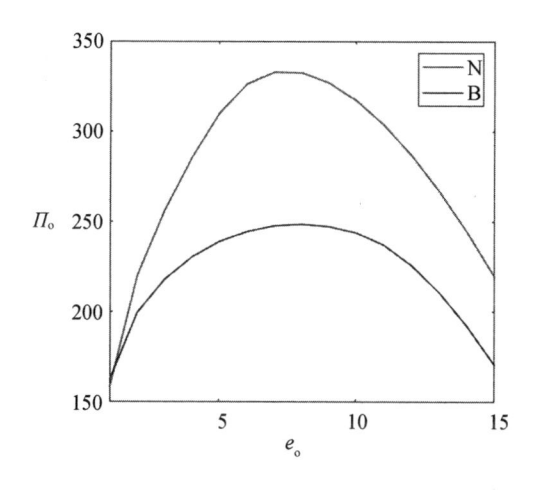

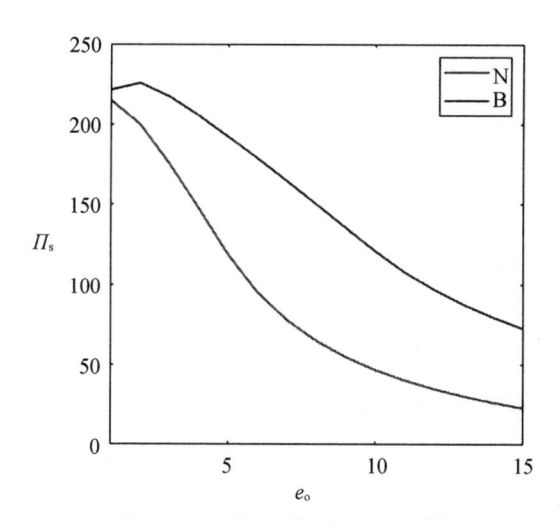

图 5.3 线上渠道的服务水平对渠道成员收益的影响（$e_s=5$）

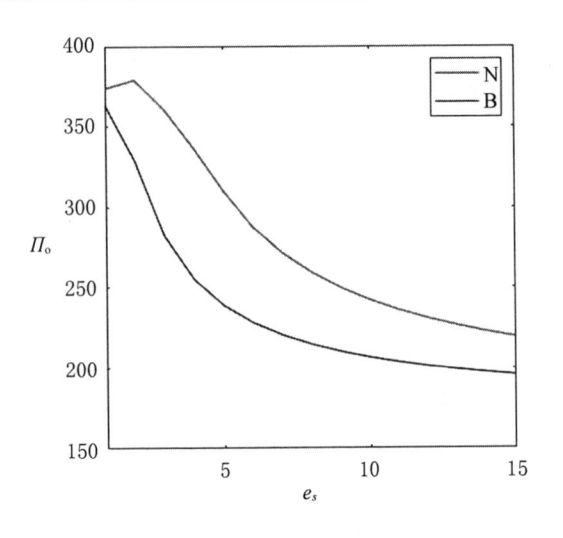

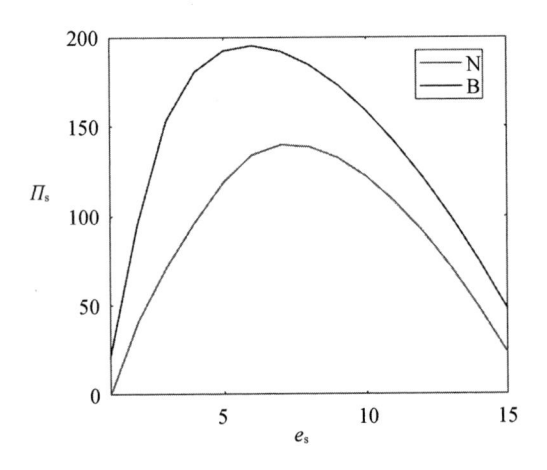

图 5.4 线下渠道的服务水平对渠道成员收益的影响（$e_o = 5$）

首先，从图 5.3 和图 5.4 中制造商零售商的收益函数来看，存在一个最优的线上（线下）渠道的服务水平，从而保证制造商（零售商）可以获得最优收益。其次，可以发现在线服务水平的提高并不会对制造商有利，而商店服务水平的提高也不会对零售商有利。虽然较高的服务水平可以吸引更多的客户购买，但也会让渠道成员承担较高的服务投资成本。此外，结合上述图例可以看出，引入 BOPS 对零售商是有利的，但

第五章 全渠道模式下考虑线下提货的制造商供应链渠道协调策略研究

会导致制造商的收益受损,这与定理 5.2 的结论是一致的。这些图也进一步说明,在垄断市场下得出的结论在竞争市场下也是有效的。

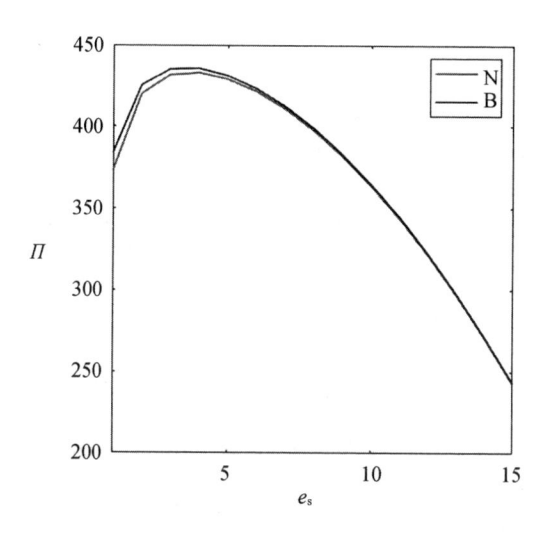

(1) e_s 对供应链整体收益的影响

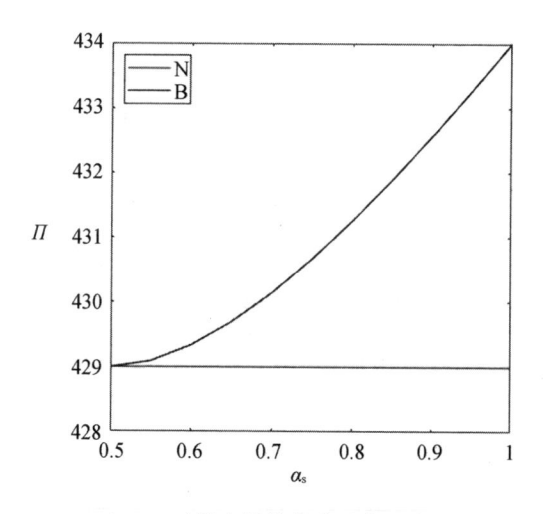

(2) α_s 对供应链整体收益的影响

图 5.5 不同参数对供应链整体收益的影响

由于参数 e_o 对供应链整体收益的影响与 e_s 所产生的影响相似，因此本书仅展示 e_s 对供应链整体收益的影响，如图 5.5（1）所示。由图可以发现，当线上与线下渠道的服务水平较低时，引入 BOPS 前后的总利润差异是显著的；当服务水平提高时，BOPS 对渠道总利润增长的影响不显著。这主要是因为当渠道的服务水平高时，新客户的数量会减少；也就是说，随着线上（线下）渠道服务的改善，BOPS 的优势将会减弱。这一结果表明当服务水平较低时，BOPS 渠道可以帮助企业扩大市场覆盖范围。在这种情况下，BOPS 渠道的优势将更加明显。相似地，由于参数 α_o 对供应链整体收益的影响与 α_s 所产生的影响相似，因此本书仅展示 α_s 对供应链整体收益的影响，如图 5.5（2）所示。由图可以发现，随着 $\alpha_s(\alpha_o)$ 的增加，制造商和零售商在引入 BOPS 后的整体利润会显著增加，即当 BOPS 渠道所提供的服务与纯线上/线下渠道所提供的服务重合比例越高，引入 BOPS 渠道以实现企业收益增长的效果就会越显著。

5.5 协调契约设计

在本小节，本书将进一步分析全渠道模式下考虑线上订购线下提货的制造商供应链渠道协调问题。如定理 5.2（2）所示，当 $m_s/m_o \leqslant k^2$ 时，渠道成员的总收益是增加的。从定理 5.1 中可以得知，在这种情况下，制造商和零售商均会因 BOPS 渠道的引入降低其服务水平。这一结论表明当 $m_s/m_o \leqslant k^2$ 时，若渠道成员引入 BOPS 渠道，他们可以通过降低其服务水平，从而减少服务成本的开支；而 BOPS 渠道的引入可以帮助渠道成员获取更多的消费者。因此，BOPS 渠道的引入对能够实现渠道总收益的增长。当 $m_s/m_o > k^2$ 时，BOPS 渠道的引入会加剧渠道间的竞争，使得线上渠道和线下渠道均会提高其服务水平，这也进一步导致渠道成员的总体收益受损。这表明 BOPS 渠道并不适合那些服务水平较高的产品。

从上述结论中可以得知，当制造商为消费者提供线上下单线下提货的服务时，仅零售商的收益是增加的。这也表明当渠道成员面对是否引入 BOPS 渠道的问题时，制造商和零售商会保持不同的态度。因此，本书需要在引入 BOPS 渠道能够实现整体收益增长的前提（即当 $m_s/m_o \leqslant k^2$ 时）下，引入渠道协调策略，从而保证制造商和零售商均能从 BOPS 渠道的实施中获利。本书考虑引入收益转移支付的协调方式。在该协调方式下，零售商不仅需要向制造商支付单位订货成本 w，同时需要在销售季初期支付一笔固定费用 A，这笔费用也可以理解为零售商向制造商支付的进场费。因此，在该协调方式下，制造商和零售商的收益函数分别为

$$\pi_s = (p-w)(s_s + s_{sb} + s_{ob}) - m_s e_s^2 - A \quad (5.5)$$

$$\pi_o = ps_o + w(s_s + s_{sb} + s_{ob}) - c - m_o e_o^2 + A \quad (5.6)$$

定理 5.3 若零售商支付给制造商的入场费 A 满足 $\dfrac{(p-w)(\alpha_s + \alpha_o - 1)\sqrt{m_s}}{4\alpha_s\sqrt{m_o}} < A < \dfrac{3(p-w)(\alpha_s + \alpha_o - 1)\sqrt{m_s}}{4\alpha_s\sqrt{m_o}}$，则制造商和零售商的收益在引入 BOPS 渠道后均能实现增长。

证明： 当 $m_s/m_o \leqslant k^2$ 时，若引入 BOPS 渠道，供应链的整体收益和零售商收益均会增加，但是制造商的收益会减少。因此，零售商可以通过向制造商转移部分收益 A，以鼓励制造商参与到 BOPS 渠道的引入中。其中，A 应大于制造商在引入 BOPS 渠道后损失的收益，小于零售商在引入 BOPS 渠道后增加的收益，即 $\pi_o^{N*} - \pi_o^{B*} < A < \pi_s^{B*} - \pi_s^{N*}$。由此，可以得到定理 5.3。证毕。

定理 5.3 给出了在引入 BOPS 渠道后，渠道成员们如何在保证供应

链整体收益最大化前提下，也能实现各自收益增长的切实可行的协调方法。下文将进一步检验上述协调契约的有效性。本部分假设（单位任意）$p=500, w=200, c=200, m_s=1, m_o=2, k=100$，令固定费用 A 从 50 到 200 变化，由此可以得到参数 A 对供应链成员收益的影响，如图 5.6 所示。

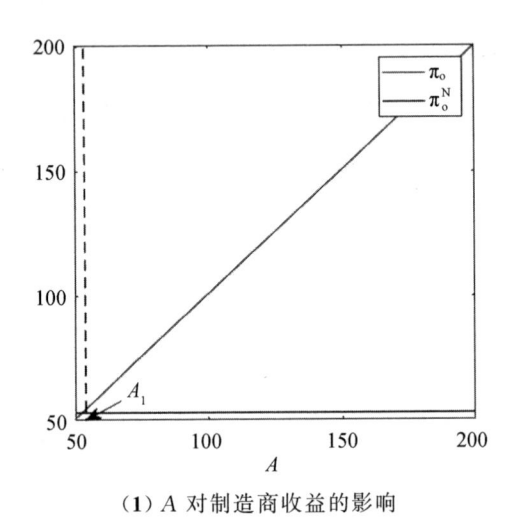

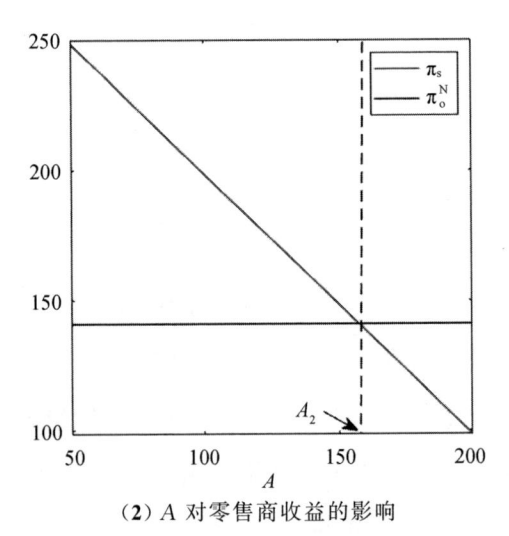

（1）A 对制造商收益的影响

（2）A 对零售商收益的影响

图 5.6　固定费用 A 对供应链成员收益的影响

由图 5.6 (1) 可以发现，在收益转移支付的协调方法下，制造商的收益随着固定费用的增加而增加。当零售商支付给制造商的固定费用较低（$A \leqslant A_1$）时，未引入 BOPS 渠道情景下的制造商收益高于引入 BOPS 且进行渠道协调情景下的收益；此时，制造商会拒绝 BOPS 渠道的引入，且该协调方法失效。因此，制造商可以通过制订较高的固定费用（$A > A_1$）以保证在引入 BOPS 渠道且进行协调后能够实现收益增长。同样地，由图 5.6 (2) 可以发现，在协调契约下，零售商的收益会随着固定费用的增加而减少，且仅当 $A < A_2$ 时，零售商才能从引入 BOPS 渠道情景下获得更高的收益；否则零售商没有动力去参与引入 BOPS 渠道的活动并履行该协调契约。结合图 5.6 (1) 和 (2) 可以发现，仅当固定费用在一定范围内（$A_1 < A < A_2$），才能够实现制造商和零售商收益在引入 BOPS 渠道后均增加，即实现供应链成员的帕累托改进。这与定理 5.3 的结论也是一致的。

5.6 本章小结

本章主要关注全渠道模式下考虑线上订购线下提货（BOPS）的制造商服务决策以及供应链协调策略。本书考虑一个由拥有线上渠道的制造商和传统零售商组成的二级供应链，并探讨在引入 BOPS 渠道前后两种情景下供应链成员的服务策略，并通过比较两种情景下的均衡解来分析引入 BOPS 渠道策略与供应链成员的服务决策之间的内在联系。

首先，研究结果表明引入 BOPS 渠道不仅能够为零售商挽留住已有客户，还能够为其吸引到更多的潜在客户，这意味着引入 BOPS 渠道能够起到为企业拓宽消费者市场的作用。其次，本书发现在制造商引入 BOPS 渠道之后，若投资服务的成本系数较高，线上渠道和线下渠道成员均会降低各自的服务水平。一方面，因为BOPS渠道能够为企业吸引更多的消费者，所以企业无须再过多地在渠道服务建设上进行投资；另一方面，较高的服务成本也就意味着企业需要承担较高的服务成本。因此，对于企业而言，在这种情况下，通过降低渠道的服务水平，从而节省服务成本则更为明智。

此外，本书发现当引入BOPS渠道时，对零售商总是有利的，但是制造商则会受损。从供应链整体收益来看，当渠道成员的服务水平较低，或者BOPS渠道上提供的服务与纯线上（线下）服务重合的比例较高时，BOPS渠道的引入能够使得供应链整体收益增加。这一结论也表明在一定情况下，引入BOPS渠道对提高供应链整体收益是有帮助的。进一步地，从供应链整体利润最大化角度出发，本章提出了收益转移支付的方法对上述区域进行协调，以保证引入BOPS使得渠道整体收益增长的同时，制造商和零售商的收益也会增长。

第六章 全渠道模式下考虑线下发货的制造商供应链渠道协调策略研究

本章将继续探讨另一个较为主流的全渠道运营模式,即线上订购线下发货模式下制造商供应链的渠道协调策略研究。具体来说,本章将以全渠道制造商为研究对象,探讨了在引入门店发货这一全渠道订单履行方式后,对渠道成员的定价和收益的影响;进一步地,针对渠道成员之间存在冲突的区域,从制造商的角度出发,制定相应的供应链契约进行协调。

6.1 研究背景

近年来,移动互联网技术的快速发展为制造商融合线上线下渠道,为消费者提供无缝衔接的购买体验创造了条件。其中,线上订购线下发货(SFS,ship-from-store)的运营模式逐渐成为全渠道零售的主流模式之一。线上订购线下发货模式,是指在消费者通过线上渠道下单之后,制造商会直接安排距离消费者较近的线下门店发货并进行配送,以此来缩短消费者的物流等待时间。在现实生活中,SFS 模式也得到了广泛的应用。一些快时尚品牌，例如优衣库、Zara、GU 等为消费者提供了线上下单线下发货的服务，通过 SFS 模式实现了产品次日甚至当日送达的高效率运输[65][66]。此外，天猫也与知名美妆品牌——屈臣氏合作并推出了线上订购线下发货，该模式已在北京、上海、杭州等多个城市落地推行。线上订购线下发货模式充分考虑到消费者的时间和地点等因素，极大程度上提高了消费者的购物自由度，为他们带来了更好的购物体验。

虽然引入线上订购线下发货模式能够实现多渠道资源共享和优势互补，但是在制造商引入该模式之后，可能会面临一系列挑战。首先，在制造商与传统零售商合作并引入线上订购线下发货模式后，这对线上渠道和线下渠道成员之间的合作提出了更高的要求。然而，完全理性的企业会以自身的收益最大化为目标进行决策，这势必会影响渠道成员之间的合作，从而进一步影响全渠道模式的推广。因此，如何协调供应链成员之间的冲突是在全渠道模式下的制造商和零售商必须考虑的问题。其次，在现实生活中，存在部分对物流等待时间成本较为敏感的消费者。为了满足这部分消费者对于配送时间的要求，不少零售商推出了即日送达甚至两小时内送达的快速配送服务，例如京东，亚马逊。因此，在制造商引入线上订购线下发货的全渠道模式后，这类消费者的购物决策极易受到影响。与此同时，也存在部分对物流等待时间不敏感的消费者，线上订购线下发货的服务对其吸引力则会较小。当本书将消费者的特性（例如消费者对物流等待时间的容忍度、购物偏好等）也考虑进来时，会对在线上订购线下发货模式下渠道成员的定价决策和协调问题产生怎样的影响。上述问题均是制造商在引入该模式后需要考虑的问题。

基于上述现实背景，本书将消费者对物流等待时间的敏感性纳入线上订购线下发货模式下供应链成员的收益模型中，考虑到 SFS 模式对不同类型消费者的购买决策的影响和 SFS 模式所产生的额外成本，分别建立了分散式决策模式和集中式决策模式的博弈模型,并进行求解和分析;其次,通过对上述两种决策模式下的均衡解进行比较分析,本书设计了考虑线上订购线下发货模式的两部定价协调契约,从而实现供应链的完美协调。

6.2 问题描述与假设

本章考虑一个由拥有线上渠道的制造商和传统零售商组成的供应链系统,其中制造商可以通过线上渠道直接向消费者销售产品,也可以将产品以批发形式销售给传统零售商。记制造商的线上渠道为 e,其线下渠道为 r,并用下标符号 M 和 R 分别表示制造商和零售商。当制造商通过线上渠道销售产品时,其会制订产品直销价 p_e;同时,制造商也需要承担线上销售产品所带来的单位仓储成本 c_e。当制造商通过线下渠道销售产品时,其会制订批发价 w,并将产品批发给传统零售商;零售商会制订产品零售价 p_r,并将产品销售给消费者。与此同时,零售商需要承担线下销售产品所带来的单位仓储成本 c_r。为了便于分析,本模型假设 $c_r = c_e = c$。为了保证均衡解均大于零,即存在现实意义,本书主要关注 $c < \bar{c}$ 的情形,其中 $\bar{c} = \min\lambda\left\{\dfrac{h\theta-(2-\beta)(t-\Delta t)}{1-\theta}, \dfrac{-\theta^2-2(2-\beta)(t-\Delta t)+\theta(1+h+\beta t-\beta\Delta t)}{2(1-\beta)(1-\theta)}\right\}$。

本书考虑消费者所购买的产品能够为其带来的价值为 v;进一步地,考虑到消费者的异质性,假设 v 服从[0,1]区间的均匀分布。当消费者在线上渠道购买产品时,其无法即时地获得产品并感受产品的真实品质。因此,本书用符号 θ 来表示消费者对线上渠道的接受度,且 $0<\theta<1$,这一假设在以往的渠道研究中也被广泛应用[103-106]。由此可得,当消费者通过线上(线下)渠道购买产品时,所感知到的产品价值为

$\theta v(v)$。此外，当消费者通过线上渠道购买产品时，卖家会通过物流将产品配送到消费者手中，因此消费者需要付出一定的等待成本。

根据消费者对时间的敏感程度，本书将消费者划分为时间敏感和不敏感消费者，并用上标 s 和 n 来表示这两类消费者；其中，时间敏感消费者所占的比例为 β。时间敏感的消费者在等待物流过程中往往会表现出很不耐心，且对于这类消费者而言，其等待成本较高。相反地，时间不敏感的消费者对等待产品运输的时间往往较为宽容，且对于这类消费者而言，其等待成本较低[65]。本模型分别用 t_h 和 t_l 来表示时间敏感和不敏感消费者的物流等待成本。为了便于分析，本书令 $t_h=t$，$t_l=0$。此外，当消费者选择通过线下渠道购买产品时，其需要付出一定的旅行成本 h，且消费者所获得的效用为 $u_{rr}^S=u_{rr}^N=v-p_r-h$。为了保证所有均衡解均大于零，即存在现实意义，本书主要关注 $h<1-\theta$ 的情形。

当制造商为消费者提供线上订购线下发货的服务时，制造商会安排距离消费者较近的零售商进行发货，这在一定程度上降低了消费者的物流等待时间。对于时间敏感的消费者而言，选择线上订购线下发货和线上订购线上发货所带来的效用分别为 $u_{er}^S=\theta v-p_e-(t-\Delta t)$ 和 $u_{ee}^S=\theta v-p_e-t$，其中，Δt 为线上订购线下发货所减少的物流等待时间。因此，这类消费者不会选择通过线上订购线上发货的方式购买产品，即仅会选择通过线上订购线下发货，或者直接在线下购买。对于时间不敏感的消费者而言，其对于线下发货所节省的物流等待时间并不敏感，即这类消费者通过线上订购线上发货和线上订购线下发货方式购买产品所获得的效用相同，且为 $u_{ee}^n=u_{er}^N=\theta v-p_e$。进一步地，本书假设若时间不敏感的消费者选择通过线上渠道购买产品，由于购买方式的偏好，他们仅会选择直接在线上购买线上发货的方式。

此外，当消费者选择线上订购线上发货时，制造商需要承担这部分产品的仓储成本；当消费者选择线上订购线下发货或者直接在线下渠道购买时，零售商需要承担这部分产品的仓储成本。最后，本模型考虑制造商与零售商之间为斯坦伯格（Stackelberg）博弈，即制造商为领导者，零售商为追随者。本书用上标符号 D 表示分散式决策模式；C 表示集中式决策模式；T 表示契约协调模式；"＊"表示均衡解。本章所涉及的符号及其含义，具体如表 6.1 所示。

为了简化分析，本书的基础假设如下所示：

（1）消费者总体数量为单位 1，且每个消费者至多购买一个产品；

（2）当企业引入线上订购线下发货模式，能够降低消费者的物流等待时间；

（3）消费者和企业都是理性且风险中性的，即消费者、制造商和零售商会根据自身利益最大化做出最优决策。

表 6.1 符号含义表

符号	说明（单位任意）
S	模式，$S=D, C, T$
v	产品价值
θ	消费者对线上渠道的接受度
β	时间敏感消费者所占的比例
h	消费者在线下购物的麻烦成本
t	时间敏感消费者的物流等待成本
Δt	线上订购线下发货模式所节约的物流等待成本
c	产品的单位仓储成本
w	产品批发价
p_r	产品零售价
p_e	产品直销价
π_M^S	制造商在模式 S 下的收益
π_R^S	零售商在模式 S 下的收益
π^S	供应链在模式 S 下的收益

6.3 模型构建与求解

6.3.1 分散式决策模式（D）

在分散式决策模式下，制造商和零售商均以自身利益最大化为目标进行决策。具体的决策时序如下：首先，制造商决策产品批发价 w 和产品直销价 p_e；其次，基于制造商的定价决策，零售商决策产品零售价 p_r；最后，消费者根据制造商和零售商的定价决策做出购买决策。对于时间敏感的消费者而言，其仅会选择线上订购线下发货或者直接在线下订购的方式。仅当通过线下订购线下发货所获得效用超过直接在线下订购所获得效用时，即当 $u_{er}^S > u_{rr}^S$ 且 $u_{er}^S > 0$ 时，他们会选择线上订购线下发货的方式；反之，即当 $u_{rr}^S > u_{er}^S$ 且 $u_{er}^S > 0$ 时，他们会选择直接在线下购买。对于时间不敏感的消费者而言，其仅会通过线上订购线上发货或者直接在线下订购的方式。仅当通过线下订购线上发货所获得效用超过直接在线下订购所获得效用时，即当 $u_{ee}^S > u_{rr}^S$ 且 $u_{ee}^S > 0$ 时，他们会选择线上订购线下发货的方式；反之，即当 $u_{rr}^S > u_{ee}^S$ 且 $u_{ee}^S > 0$ 时，他们会选择直接在线下购买。

由此可得直接在线上渠道购买（ee）、在线上渠道购买线下发货（er），和直接在线下渠道购买（rr）的消费者需求分别为：

$$d_{ee} = (1-\beta)\left[\frac{(p_r - p_e + h)}{1-\theta} - \frac{p_e}{\theta}\right],$$

$$d_{er} = \beta\left[\frac{[p_r - p_e + h - (t-\Delta t)]}{1-\theta} - \frac{p_e + (t-\Delta t)}{\theta}\right],$$

$$d_{rr} = \beta\left[1 - \frac{[p_r - p_e + h - (t-\Delta t)]}{1-\theta}\right] + (1-\beta)\left[1 - \frac{(p_r - p_e + h)}{1-\theta}\right].$$

第六章 全渠道模式下考虑线下发货的制造商供应链渠道协调策略研究

制造商和传统零售商的收益函数分别如下所示：

$$\pi_M^D = wd_{rr} + p_e(d_{ee} + d_{er}) - cd_{ee} \tag{6.1}$$

$$\pi_R^D = (p_r - w)d_{rr} - c(d_{rr} + d_{er}) \tag{6.2}$$

该博弈为完全信息的斯坦伯格博弈，采用逆向归纳求解。将 d_{rr} 和 d_{er} 代入 π_R^D，对 π_R^D 关于 p_r 进行二阶求偏导数，可得 $\dfrac{\partial^2(\pi_R^D)}{\partial(p_r)^2} = -\dfrac{2}{1-\theta} < 0$。因此传统零售商的收益函数是关于 p_r 的凹函数。令 $\dfrac{\partial \pi_R^D}{\partial p_r} = 0$，可得传统零售商收益关于零售价的反应函数为：

$$p_r(w, p_e) = \frac{(1 + c - \beta c - h + p_e - \theta + \beta t - \beta\Delta t + w)}{3} \tag{6.3}$$

将式（6.3）代入制造商的收益函数，对 π_M^D 进行最优解判定。可以发现 $\dfrac{\partial^2 \pi_M^D}{\partial(w)^2} = -\dfrac{2}{1-\theta} < 0$，且海塞矩阵 $\boldsymbol{H} = \begin{bmatrix} \dfrac{\partial^2 \pi_M^D}{\partial(w)^2} & \dfrac{\partial^2 \pi_M^D}{\partial w \partial p_e} \\ \dfrac{\partial^2 \pi_M^D}{\partial p_e \partial w} & \dfrac{\partial^2 \pi_M^D}{\partial(p_e)^2} \end{bmatrix} = \begin{bmatrix} -\dfrac{2}{1-\theta} & \dfrac{1}{1-\theta} \\ \dfrac{1}{1-\theta} & -\dfrac{2-\theta}{\theta(1-\theta)} \end{bmatrix} = \dfrac{2}{\theta(1-\theta)} > 0$。由此可得，制造商的收益函数是关于 w 和 p_e 的凹函数，即存在最优解。令 $\dfrac{\partial \pi_M^D}{\partial w} = 0$，$\dfrac{\partial \pi_M^D}{\partial p_e} = 0$，联立求解可得制造商的最优批发价和直销价为：

$$w^{D*} = \frac{1 - h - (1-\beta)c}{2} \tag{6.4}$$

$$p_e^{D*} = \frac{(1-\beta)c + \theta - \beta(t - \Delta t)}{2} \tag{6.5}$$

将式（6.4）、（6.5）代入式（6.3），可得最优零售价为：

$$p_r^{D*} = \frac{3-3h-\theta+2(1-\beta)c+\beta(t-\Delta t)}{4} \tag{6.6}$$

将式（6.4）、(6.5) 和（6.6）分别代入制造商和零售商的收益函数中，可得制造商和零售商的最优收益分别为：

$$\pi_M^{D*} = \frac{1}{8(1-\theta)\theta} \cdot \{2(1-\beta)^2 c^2(1-\theta)+\theta+h^2\theta+4(-1+\beta)c[\theta-\theta^2+\beta(1+\theta)(t-\Delta t)]+2h\theta[-1+\theta-\beta(t-\Delta t)]-[\theta^2+\beta(2-\theta)(t-\Delta t)][\theta-\beta(t-\Delta t)]\} \tag{6.7}$$

$$\pi_R^{D*} = \frac{1}{16(1-\theta)\theta} \cdot \{\theta(1-h-\theta)^2+\beta^2[8c^2(-1+\theta)-8c(1+\theta)(t-\Delta t)+\theta(t-\Delta t)^2]+2\beta[4c^2(1+\theta)+\theta(1-h-\theta)(t-\Delta t)+4c(-\theta+\theta^2+2t-2\Delta t)]\} \tag{6.8}$$

为了进一步分析不同参数对分散式决策模式下供应链成员的最优决策的影响，下文将对该模式下的最优解进行灵敏度分析，具体如定理 6.1 所示。

定理 6.1 （1）随着产品的单位仓储成本 c 增加，批发价会下降，产品直销价和零售价会上涨；（2）随着时间敏感的消费者比例 β 增加，批发价和产品零售价会上涨，产品直销价会下降；（3）随着 SFS 模式所节约的时间增加，批发价不变，产品直销价会上涨，而产品零售价会下降。

证明：（1）$\frac{\partial w^{D*}}{\partial c} = \frac{-(1-\beta)}{2} < 0$，$\frac{\partial p_e^{D*}}{\partial c} = \frac{(1-\beta)}{2} > 0$，$\frac{\partial p_r^{D*}}{\partial c} = \frac{(1-\beta)}{2} > 0$；（2）$\frac{\partial w^{D*}}{\partial \beta} = \frac{c}{2} > 0$，$\frac{\partial p_e^{D*}}{\partial \beta} = \frac{-(t-\Delta t)-c}{2} < 0$，$\frac{\partial p_r^{D*}}{\partial \beta} = \frac{(t-\Delta t)}{4} > 0$；（3）$\frac{\partial w^{D*}}{\partial \Delta t} = 0$，$\frac{\partial p_e^{D*}}{\partial \Delta t} = \frac{\beta}{2} > 0$，$\frac{\partial p_r^{D*}}{\partial \Delta t} = -\frac{\beta}{4} < 0$。由此，可以得到定理 6.1。证毕。

第六章 全渠道模式下考虑线下发货的制造商供应链渠道协调策略研究

由定理6.1（1）可以发现：随着产品的单位仓储成本的增加，产品直销价和零售价会增加。这主要是因为当仓储成本增加时，意味着零售商和制造商需要付出的成本也会增加，因此制造商和零售商均会制订更高的产品价格。与此同时，制造商会降低批发价。这虽然会导致制造商的批发收益减少，但是可以刺激零售商订购更多的产品；其次，增加的直销价所带来的收益增量也能够弥补制造商在批发收益上的损失。因此，随着仓储成本的增加，批发价会降低。

由定理6.1（2）可以发现，随着时间敏感的消费者比例增加，制造商会制订更高的产品批发价，因此零售商也会相应地抬高产品零售价。其次，随着时间敏感性消费者数量的增加，也就意味着会有更多的消费者选择线上订购线下发货的方式购买产品。在这种情况下，制造商会通过降低产品直销价来吸引更多的消费者通过线上渠道购买产品。此外，如定理6.1（3）所示，当线上订购线下发货的方式所节省的物流等待成本增加时，制造商会制订更高的直销价，而零售商则会制订更低的零售价以吸引消费者。

6.3.2 集中式决策模式（C）

在集中式决策模式下，可以将制造商和传统零售商看作是一个整体，该整体以总收益最大化为目标进行决策，即共同制订产品的直销价与零售价。供应链整体收益函数为：

$$\pi^C = p_e(d_{ee} + d_{er}) + p_r d_{rr} - c(d_{er} + d_{rr} + d_{ee}) \tag{6.9}$$

将 d_{rr}、d_{er}、d_{ee} 代入供应链整体收益函数中，对 π^C 进行最优解判定。可以发现 $\dfrac{\partial^2 \pi^C}{\partial (p_r)^2} = -\dfrac{2}{1-\theta} < 0$，且海塞矩阵 $H = \begin{bmatrix} \dfrac{\partial^2 \pi^C}{\partial (p_r)^2} & \dfrac{\partial^2 \pi^C}{\partial p_r \partial p_e} \\ \dfrac{\partial^2 \pi^C}{\partial p_e \partial p_r} & \dfrac{\partial^2 \pi^C}{\partial (p_e)^2} \end{bmatrix} = \begin{bmatrix} -\dfrac{2}{1-\theta} & \dfrac{2}{1-\theta} \\ \dfrac{2}{1-\theta} & -\dfrac{2}{\theta(1-\theta)} \end{bmatrix} = \dfrac{4}{\theta(1-\theta)} > 0$。由

此可得，供应链整体的收益函数是关于 p_e 和 p_r 的凹函数，即存在最优解。令 $\dfrac{\partial \pi^C}{\partial p_e}=0$，$\dfrac{\partial \pi^C}{\partial p_r}=0$，联立求解可得集中决策模式下，产品的最优直销价和零售价分别为：

$$p_r^{C*}=\frac{(1+c-h)}{2} \tag{6.10}$$

$$p_e^{C*}=\frac{c+\theta-\beta(t-\Delta t)}{2} \tag{6.11}$$

将式（6.10）、（6.11）代入式（6.9），可得供应链的最优整体收益为：

$$\pi^{C*}=\frac{1}{4(1-\beta)\beta}\cdot\{c^2(1-\theta)-(1-2h)\theta^2+\beta^2(t-\Delta t)^2+2c(1-\theta)[-\theta+\beta(t-\Delta t)]+\theta[1+h^2-2h(1+\beta t-\beta\Delta t)]\} \tag{6.12}$$

6.3.3 对比分析

本小节将通过对比分散式决策模式与集中式决策模式下的产品直销价、产品零售价、产品需求以及供应链整体收益，来分析不同决策模式对价格、需求以及收益的影响，具体如定理6.2所示。

定理 6.2 通过比较分散式决策和集中式决策的均衡价格、消费者需求和供应链成员收益，发现上述均衡解存在以下关系：

(1) $p_e^{D*}<p_e^{C*}$，$p_r^{D*}>p_r^{C*}$；

(2) $d_{ee}^{D*}>d_{ee}^{C*}$，$d_{er}^{D*}>d_{er}^{C*}$，$d_{rr}^{D*}<d_{rr}^{C*}$；

(3) $\pi^{D*}<\pi^{C*}$。

证明：

(1) $p_e^{D*}-p_e^{C*}=-\dfrac{\beta c}{2}<0$；若 $c<\dfrac{1-h-\theta+\beta t-\beta\Delta t}{2\beta}$，有 $p_r^{D*}-$

$p_\mathrm{r}^{\mathrm{C}*} > 0$；反之，$p_\mathrm{r}^{\mathrm{D}*} - p_\mathrm{r}^{\mathrm{C}*} \leqslant 0$。进一步地，通过比较阈值 $\dfrac{1-h-\theta+\beta t-\beta\Delta t}{2\beta}$ 与 $\bar{c}$ 之间的大小，可以得到 $\dfrac{1-h-\theta+\beta t-\beta\Delta t}{2\beta} > \bar{c}$。因此，有 $p_\mathrm{r}^{\mathrm{D}*} - p_\mathrm{r}^{\mathrm{C}*} > 0$，即 $p_\mathrm{r}^{\mathrm{D}*} > p_\mathrm{r}^{\mathrm{C}*}$。

(2) $d_{\mathrm{ee}}^{\mathrm{D}*} - d_{\mathrm{ee}}^{\mathrm{C}*} = \dfrac{(1-\beta)\{\theta(1-h-\theta)+\beta[2c(1-\theta)+\theta(t-\Delta t)]\}}{4(1-\theta)\theta} > 0$；$d_{\mathrm{er}}^{\mathrm{D}*} - d_{\mathrm{er}}^{\mathrm{C}*} = \dfrac{\beta\{\theta(1-h-\theta)+\beta[2c(1-\theta)+\theta(t-\Delta t)]\}}{4(1-\theta)\theta} > 0$；

$d_{\mathrm{rr}}^{\mathrm{D}*} - d_{\mathrm{rr}}^{\mathrm{C}*} = -\dfrac{1-h-\theta+\beta t-\beta\Delta t}{4(1-\theta)} < 0$；

(3) $\pi^{\mathrm{D}} - \pi^{\mathrm{C}} = -\dfrac{1}{16(1-\theta)\theta} \cdot \{\theta(1-h-\theta)^2 + \beta^2[4c^2(1-\theta)+\theta(t-\Delta t)^2] + 2\beta\theta(1-h-\theta)(t-\Delta t)\} < 0$。

由此，可以得到定理 6.2。证毕。

由定理 6.2 可以发现：首先，集中式决策下的产品直销价会高于分散式决策的产品直销价；对于产品零售价而言，分散式决策下的产品零售价会高于集中式决策下的产品零售价。其次，集中式决策下线上渠道总需求量会低于分散式决策；然而，对于线下渠道需求而言，集中式决策下的总需求量总是高于分散式决策。此外，分散式决策下的供应链整体收益总是低于集中式决策。这主要是因为在分散式决策下，制造商和零售商均会以自身利益最大化为目标，导致双重边际效应出现，进而导致在分散式决策下的供应链整体收益会低于集中式决策下的整体收益。此时，为了实现供应链整体收益最大化，需要设计合理有效的协调契约。

6.4 协调契约设计

为了有效解决在分散式决策模式下出现的因双重边际效用导致的供应链整体收益受损的问题,本节将设计两部定价契约进行渠道协调。为了能够达到集中式决策下的供应链整体收益,即协调后的供应链整体收益等于集中式决策模式下的整体收益,需要保证集中式决策模式下的最优决策和协调契约模式下的最优决策一致,即 $p_r^{T*}=p_r^{C*}$,$p_e^{T*}=p_e^{C*}$。

在协调契约模式下,本书依然考虑以制造商作为领导者,零售商作为跟随者的斯坦伯格博弈模型。具体的决策时序如下:首先,制造商决定协调契约的相关参数和产品直销价 p_r;若传统零售商同意该契约,则以批发价 w 从制造商处购买产品;其次,传统零售商制订产品零售价 p_e。在上述协调契约下,制造商和零售商的收益函数分别如下所示:

$$\pi_M^T = wd_{rr} + p_e(d_{ee} + d_{er}) - cd_{ee} \quad (6.13)$$

$$\pi_R^T = (p_r - w)d_{rr} - cd_{rr} \quad (6.14)$$

与分散式决策模式相似,首先将 d_{rr} 和 d_{er} 代入 π_R^T,对 π_R^T 关于 p_r 进行二阶求偏导数,可得 $\dfrac{\partial^2(\pi_R^T)}{\partial(p_r)^2} = -\dfrac{2}{1-\theta} < 0$。由此可得,传统零售商的收益函数是关于 p_r 的凹函数,即存在最优解。令 $\dfrac{\partial \pi_R^T}{\partial p_r} = 0$,可得传统零售商收益关于产品零售价的反应函数为:

$$p_r(w, p_e) = \frac{1 + c(1-\beta) - h + p_e - \theta + \beta t - \beta \Delta t + w}{2} \quad (6.15)$$

根据供应链的协调原则,将 p_e^{C*} 代入式 (6.15),得到 $p_r(w) = \dfrac{2 + c(3-2\beta) - 2h - \theta + \beta t - \beta \Delta t + 2w}{4}$。令 $p_r(w) = p_r^{C*}$,可得协

第六章 全渠道模式下考虑线下发货的制造商供应链渠道协调策略研究

调后的最优批发价格为

$$w^{T*} = \frac{c(2\beta-1)+\theta-\beta(t-\Delta t)}{2} \quad (6.16)$$

将式（6.16）、式（6.10）、式（6.11）代入式（6.13）和式（6.14），可得在协调契约模式下，制造商和零售商的最优收益为：

$$\pi_M^{T*} = \frac{1}{4(1-\theta)\theta} \cdot \{c^2[1-2\beta(1-\theta)-\theta]+2(1-\beta)c[\beta t+\theta(1-\theta+\beta t) \\ -\beta(1+\theta)\Delta t]+(1-\theta)[\theta-\beta(t-\Delta t)]^2\}$$

(6.17)

$$\pi_R^{T*} = \frac{1}{4(1-\theta)\theta} \cdot \{2\beta c^2(1-\theta)+\theta(1-h-\theta)^2+c[2\beta(-\theta+\theta^2+2t-2\Delta t)-2\beta^2(1+\theta)(t-\Delta t)]+2\beta\theta(1-h-\theta)(t-\Delta t) \\ +\beta^2\theta(t-\Delta t)^2\}$$

(6.18)

接下来，通过对比引入两部定价协调契约前后制造商和零售商的最优收益，可以得到制造商和零售商的收益变化（记作 $\Delta\pi_M$ 和 $\Delta\pi_R$）分别为：

$$\Delta\pi_M = \pi_M^{T*} - \pi_M^{D*} = -\frac{1}{8(1-\theta)\theta} \cdot \{\theta(1-h-\theta)^2+\beta^2[2c^2(1-\theta) \\ +\theta(t-\Delta t)^2]+2\beta\theta(1-h-\theta)(t-\Delta t)\} < 0$$

$$\Delta\pi_R = \pi_R^{T*} - \pi_R^{D*} = \frac{1}{8(1-\theta)\theta} \cdot \{3\theta(1-h-\theta)^2+\beta^2[8c^2(1-\theta)+3\theta(t-\Delta t)^2]+6\beta\theta(1-h-\theta)(t-\Delta t) \\ > 0\}.$$

上式表明在两部定价契约下，制造商的收益减少了 $|\Delta\pi_M|$，而零售商的收益增加了 $|\Delta\pi_R|$。当引入两部定价协调契约后，仅当供应链成员均从中获得正的收益增量时，供应链成员才会主动履行该契约，从而实现供应链总收益最大化。因此，在制造商制订最优的批发价 w^{T*}

的前提下，零售商还需要支付给制造商一笔固定费用 F，才能保证契约的有效性，由此可得定理 6.3。

定理 6.3 若协调契约参数 (w^T, F) 满足如下条件：$w^\mathrm{T} = \dfrac{c(2\beta-1)+\theta-\beta(t-\Delta t)}{2}$，且 $F \in (F_1, F_2)$，两部定价协调契约可以实现线上订购线下发货模式下供应链的完美协调，即供应链实现总收益最大化，同时实现渠道成员收益的帕累托改进。

其中，

$$F_1 = \frac{\theta(1-h-\theta)^2 + \beta^2[2c^2(1-\theta)+\theta(t-\Delta t)^2] + 2\beta\theta(1-h-\theta)(t-\Delta t)}{8(1-\theta)\theta},$$

$$F_2 = \frac{3\theta(1-h-\theta)^2 + \beta^2[8c^2(1-\theta)+3\theta(t-\Delta t)^2] + 6\beta\theta(1-h-\theta)(t-\Delta t)}{8(1-\theta)\theta}.$$

证明： 通过比较零售商需要支付给制造商的固定费用 F 的上下阈值，即 F_1 与 F_2，可以得到 $F_1 < F_2$，即固定费用的可行区间并非空集。因此，供应链可以实现协调。但是，当 $F < F_1$ 时，制造商在引入两部定价协调契约之后，并没有实现收益的增长，即该契约没有实现协调的作用。当 $F > F_2$ 时，零售商在引入两部定价协调契约之后，并没有实现收益的增长，即该契约亦没有实现协调的作用。由此，可以得到定理 6.3。证毕。

由定理 6.3 可得，两部定价的协调契约能够使得 SFS 模式下的供应链整体收益与集中式决策模式下的整体收益相同，且当制造商制订相应的批发价和向零售商收取一定的固定费用时，能够使得供应链成员的收益均增长，即实现了渠道成员的帕累托改进。当制造商与零售商合作，并引入线上订购线下发货的全渠道模式时，虽然渠道成员之间存在合作关系，但也存在渠道冲突。上述结论表明通过设计一定的契约能够实现供应链成员之间的协调，在实现整体收益最大化的同时，也能够使得渠道成员均盈利。因此，在全渠道零售的实际运营过程中，制造商作为供应链领导者应该抱着合作共赢的态度，积极地与传统零售商沟通协作，并制订合理有效的协调契约，从而实现共赢的目标。

下文将进一步检验两部定价协调契约的有效性。本部分假设 $\theta = 0.8$，$t = 0.4$，$\Delta t = 0.3$，$h = 0.5$，$\beta = 0.5$，$c = 0.1$，令固定费用 F 从 0 到 0.1 变化，由此可以得到参数 F 对供应链成员收益的影响，如图 6.1 所示。

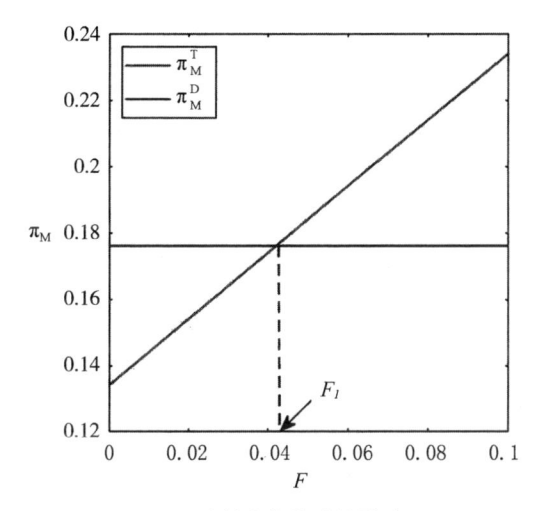

（1）F 对制造商收益的影响

（2）F 对零售商收益的影响

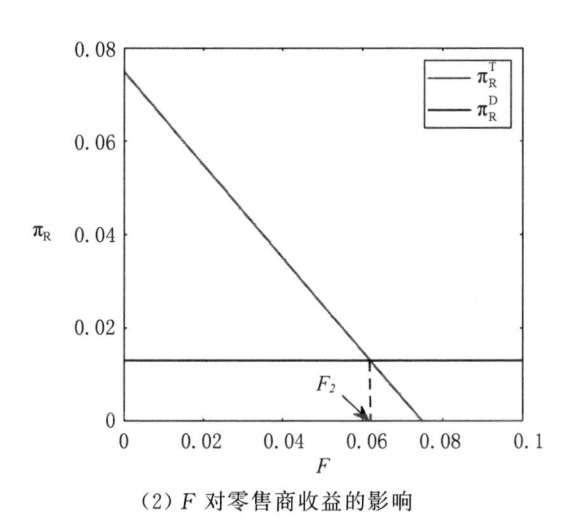

图 6.1　固定费用 F 对供应链成员收益的影响

由图 6.1（1）可以发现，在两部定价协调契约下，制造商的收益随着固定费用的增加而增加。当零售商支付给制造商的固定费用较低（$F \leqslant 0.042$）时，分散式决策下的制造商最优收益高于协调契约下的最优收益；此时，该契约的协调作用失效。因此，制造商可以通过制订较高的固定费用（$F > 0.042$）以保证在契约协调后能够实现收益增长。同样地，由图 6.1（2）可以发现，在协调契约下，零售商的收益会随着固定费用的增加而减少，且仅当 $F < 0.062$ 时，零售商才能从该协调契约下获得更高的收益；否则零售商没有动力去履行该协调契约。结合图 6.1（1）和（2）可知，仅当固定费用在一定范围内（$0.042 < F < 0.062$），才能够实现制造商和零售商收益均增加，即实现供应链成员的帕累托改进。这与定理 6.3 的结论也是一致的。

6.5　本章小结

本章以由拥有线上渠道单制造商和单传统零售商组成的供应链为研究对象，基于线上订购线下发货模式对消费者购买决策的影响，考虑消费者的物流等待成本和敏感消费者比例等因素，并建立了以制造商为主导的 Stackelberg 博弈模型。通过对比分散式决策和集中式决策下供应链成员的最优决策和收益，本书将进一步引入两部定价协调契约，以此来实现在全渠道模式下考虑线上订购线下发货的制造商供应链渠道协调问题。主要结论如下所示。

首先，与分散式决策模式相比，制造商会在集中式决策模式下制订更高的产品直销价；而零售商则会在集中式决策模式下制订更低的产品零售价。与此同时，集中式决策模式下的线上渠道销量会低于分散式决策，而集中式决策模式下的线下渠道销量则会超过分散式决策。进一步地，通过比较两种模式下的供应链整体收益，可以发现由于存在双重边际效应，分散式决策模式下的供应链总收益会低于集中式决策模式下的总收益。

其次，制造商可以通过引入两部定价契约来实现供应链的完美协调。当制造商调整其批发价格，且零售商支付给制造商一定范围内的固定费用，能够使得所有成员的收益增加，也能够保证供应链成员的决策与集中式决策模式下的最优决策一致，即保证了在契约协调的作用下，供应链的整体最优收益与集中式决策模式下的最优收益相同。因此，制造商可以通过对两部定价协调契约中的相关参数进行设计，实现供应链协调。

此外，本章也分析了相关参数对供应链成员的最优决策的影响。研究结果表明，随着时间敏感消费者所占比例增加，产品的直销价会随之降低，而产品的零售价会增加；随着 SFS 模式为消费者节约的物流等待成本增加，产品的直销价会增加，而产品的零售价会降低；随着产品的单位存储成本增加，产品的直销价和零售价均会增加。

第七章 结论与展望

7.1 研究总结

本书从制造商的角度出发,基于消费者在全渠道零售模式下的行为变化,结合消费者效用理论、博弈论和最优化理论等,对全渠道模式下制造商的定价策略和全渠道模式下制造商的供应链协调策略进行了详细的并在有关制造商的全渠道定价和渠道协调方面得出了一些管理启示,为企业的管理实践提供了一定的理论支撑。本书的研究结果主要包括以下四个方面:

1. 全渠道模式下考虑会员权益的制造商定价策略研究

在全渠道模式下,渠道的多样化使得消费者能更容易地更改其购买决策。在此基础上,越来越多的品牌商推出会员体系以维护客户群体。但是在全渠道模式下,企业是否应顺应全渠道零售的趋势,推出全渠道会员体系有待进一步研究。因此,本书第三章构建了由一个同时拥有线上和线下渠道的制造商和一个传统零售商组成的供应链模型,考虑消费者的两阶段购买行为,探讨全渠道会员对制造商的定价、收益以及消费者的影响。结果表明,会员共享会促使制造商制订更低的批发价;其次,当会员体系共享能够吸引消费者跨渠道购买产品时,制造商和零售商均会降低其各自渠道上的产品售价;反之,渠道成员均会抬高产品价格。进一步地,当产品的单位成本适中或者非常高时,引入会员体系共享能够使制造商的收益增加;对于零售商而言,仅当产品的单位成本很低或者较高时,会员体系共享才能为其带来更高的收益。此外,通过对消费者剩余的对比分析,可以发现当产品的单位成本很低或者很高时,会员体系共享能够进一步提高消费者剩余。

2. 全渠道模式下考虑退货运费险的制造商定价策略研究

在研究全渠道模式下消费者的购买行为对制造商定价决策的影响后,消费者的退货问题也不容忽视。在考虑存在退货运费险的情形下,制造商若实施全渠道退货策略,势必会影响原本打算通过线上渠道退货的消费者,进而可能会导致其提供的退货运费险服务无法发挥作用。为了探讨退货运费险与全渠道退货之间的内在联系,基于线上制造商是否提供退货运费险和是否实施全渠道退货策略,本书第四章构建了四种情形下的博弈模型,并分析了上述退货策略对企业定价决策和收益的影响,进而得出该制造商最优的定价与退货渠道策略。结果表明,当制造商提供退货运费险或者实施全渠道退货策略,均会使得产品的价格上升。其次,提供全渠道退货服务总是能够使得制造商收益增长;但是对于提供退货运费险这一策略,仅当购买运费险的费用较低时,提供该服务才能使得制造商获得更高的收益。

3. 全渠道模式下考虑线下提货的制造商供应链渠道协调策略研究

在全渠道模式下的制造商基于消费者的行为特性完成产品定价后,紧接着就需要考虑如何整合线上线下渠道的资源,并设置合理有效的协调契约,以保证在为消费者提供无缝衔接的购物体验的同时,也能实现渠道成员的收益增长。因此,本书第五章构建了一个由拥有线上渠道的制造商和传统零售商组成的供应链模型,分析线上订购线下提货模式对渠道成员的服务策略和收益的影响。结果表明,引入 BOPS 渠道能够为企业拓宽消费者市场。其次，在制造商引入BOPS渠道之后，若投资服务的成本系数较高，线上渠道和线下渠道成员均会降低各自的服务水平。进一步地，研究发现引入BOPS渠道对零售商总是有利的，但是对制造商则是不利的；但是当渠道成员的服务水平较低，或者BOPS渠道上提供的服务与纯线上（线下）服务重合的比例较高时，引入BOPS渠道能够使得供应链整体收益增加。因此，针对上述的供应链成员之间的利益冲突问题，本书通过引入收益转移支付的方式，在保证供应链整体收益最大化的前提下，对全渠道模式下供应链成员之间的冲突进行协调。

4. 全渠道模式下考虑线下发货的制造商供应链渠道协调策略研究

线上订购线下发货，作为全渠道模式的主流模式之一，也被越来越多的企业所运用。因此，本书第六章基于线上订购线下发货模式对消费者购买决策的影响，通过对比分析分散式决策下和集中式决策下渠道成员的最优决策和收益，进一步引入两部定价协调契约，以此来实现在SFS模式下的供应链协调问题。研究表明，与分散式决策相比，制造商会在集中式决策下制订更高的产品直销价；而零售商则会在集中式决策模式下制订更低的产品零售价。其次，通过比较两种模式下的供应链整体收益可以发现，由于存在双重边际效应，分散式决策下的供应链总收益会低于集中式决策下的总收益。因此，本章设计了两部定价协调契约，该契约在确保供应链整体收益最大化的同时，也保证了所有成员的收益均增加，实现了供应链的完美协调。

7.2 研究展望

本书考虑到全渠道模式下消费者行为的变化，从制造商的视角出发，对制造商在建设全渠道模式过程中面临的渠道定价和渠道协调等问题进行了深入探讨。本书在一定程度上丰富了全渠道管理在定价以及渠道协调方面的理论研究，对于解决企业的实践问题也具有一定的应用价值。但是本书的部分研究是基于一定的假设展开的，存在一定的局限性。因此，在后续的工作中，可以从以下几个方面进行拓展研究：

（1）本书所构建的博弈模型考虑博弈双方之间的信息是完全对称的，但是在现实中，决策者们大多是以自身利益最大化为目标的独立个体，因此可能会存在隐藏部分信息，例如，产品定价，产品生产成本、消费者偏好等数据，甚至可能会出现参与博弈的企业发布虚假信息以干扰其竞争对手的决策。在这种情况下，企业的决策问题会变得更加复杂。因此，如何在信息不对称的市场环境中进一步研究全渠道模式下制造商的定价与渠道协调问题更具有现实意义。

（2）本书在采用消费者效用理论时，往往考虑消费者都是理性的，即消费者会根据自身效用最大化做出相应的决策。但是在全渠道环境下，消费者的行为可能会变得非理性化。以直播购物为例，很多消费者会受到直播间的氛围和主播的个人号召力影响，产生冲动性消费。与此同时，社交媒体与传统电商的融合，使得消费者的决策行为更加多样化，例如会出现预期失望规避行为和风险偏好行为等等。因此，如何将消费者的行为变化通过理论模型进行刻画，并应用到制造商的全渠道管理问题研究中，可以成为本书进一步的拓展方向。

（3）本书在探讨全渠道制造商的定价与渠道协调策略时，大多构建的是以制造商为领导者的博弈模型，即制造商更具有地位优势。但是在全渠道建设过程中，也会存在很多地位处于弱势的中小企业，他们试图通过全渠道建设来提升在供应链体系中的话语权。与此同时，也存在地位强势的零售商，例如淘宝，京东等电商巨头。因此，将渠道成员之间的权力结构对全渠道模式下制造商的决策影响也纳入本书的未来研究方向中，可以为制造商的全渠道管理提供更为丰富的管理启示。

参考文献

[1]刘金荣,徐琪.全渠道零售下"Showrooms"对需求分布、定价和收益的影响研究[J].中国管理科学,2019,27(12):88-99.

[2]Sun L,Jiao X,Guo X,Yu Y.Pricing policies in dual distribution channels:The reference effect of official prices[J].European Journal of Operational Research,2022,296(1):146-157.

[3]Kong R,Luo L,Chen L,Keblis M F.The effects of BOPS implementation under different pricing strategies in omnichannel retailing[J].Transportation Research Part E:Logistics and Transportation Review,2020,141.

[4]Chenavaz R,Klibi W,Schlosser R.Dynamic pricing with reference price effects in integrated online and offline retailing[J].International Journal of Production Research,2021:1-22.

[5]Li K J.Behavior-based pricing in marketing channels[J].Marketing Science,2018,37(2):310-326.

[6]郎骁,邵晓峰.消费者导向类型与电商全渠道决策研究[J].中国管理科学,2020,28(09):164-175.

[7]王倩,朱媛媛,钟永光.展厅现象下的双渠道供应链定价策略[J].中国管理科学,2021,29(08):174-182.

[8]Wu J H,Zhao C C,Yan X H,Wang L F.An Integrated Randomized Pri-

cing Strategy for Omni-Channel Retailing[J]. International Journal of Electronic Commerce，2020，24（3）：391－418.

[9] Li Z H，Wang D，Yang W S，Jin H S. Price，online coupon，and store service effort decisions under different omnichannel retailing models[J]. Journal of Retailing and Consumer Service，2021，64.

[10] 刘平峰，谢坤英. 基于演化博弈的全渠道协同定价行为研究[J]. 北京邮电大学学报（社会科学版），2019，21（05）：24-33.

[11] Zhou J，Zhao R，Wang W. Pricing decision of a manufacturer in a dual-channel supply chain with asymmetric information[J]. European Journal of Operational Research，2019，278（3）：809-820.

[12] Hou R，Zhao Y，Zhu M，Lin X. Price and quality decisions in a vertically-differentiated supply chain with an "Online-to-Store" channel[J]. Journal of Retailing and Consumer Services，2021，62.

[13] Niu B，Mu Z，Li B. O2O results in traffic congestion reduction and sustainability improvement：analysis of "Online-to-Store" channel and uniform pricing strategy[J]. Transportation Research Part E：Logistics and Transportation Review，2019，122：481-505.

[14] Harsha P，Subramanian S，Uichanco J. Dynamic pricing of omnichannel inventories[J]. Manufacturing & Service Operations Management，2019，21（1）：47-65.

[15] 胡启帆，徐兵. 差异化服务下基于BOPS的全渠道定价与服务策略[J]. 系统工程，2020，38（02）：51-59.

[16] 周雄伟，韦蝶，蔡丹. 公平视角下全渠道服务商定价和服务能力分配策略[J/OL]. 控制与决策：1-6.

[17] 胡娇，李莉，张华，朱星圳. 全渠道供应链中广告合作与定价策略

研究[J]. 管理学报, 2021, 18 (09): 1371-1381.

[18] 李宗活, 杨文胜, 孙浩. 全渠道环境下制造商品牌和零售商自有品牌优惠券促销[J]. 中国管理科学, 2021, 29 (12): 157-167.

[19] 牛志勇, 黄沛, 王军. 公平偏好下多渠道零售商线上线下同价策略选择分析[J]. 中国管理科学, 2017, 25 (03): 147-155.

[20] 黄鹤, 刘茹, 池毅. O2O 模式中线上零售商定价与 CSR 投入策略 [J/OL]. 中国管理科学: 1-13.

[21] 孙红霞, 李晓芳, 周珍. 双渠道零售商和传统零售商的定价策略 [J]. 中国管理科学, 2020, 28 (06): 104-111.

[22] Radhi M, Zhang G Q. Pricing policies for a dual-channel retailer with cross-channel returns [J]. Computers & Industrial Engineering, 2018, 119: 63-75.

[23] Yang X, Cai G (George), Ingene C A, Zhang J. Manufacturer strategy on service provision in competitive channels [J]. Production and Operations Management, 2019 (1): 72-89.

[24] Zhou Y-W, Guo J, Zhou W. Pricing/service strategies for a dual-channel supply chain with free riding and service-cost sharing [J]. International Journal of Production Economics, 2018, 196: 198-210.

[25] Xue M, Zhang J, Zhu G. Quantity decision timing with spillover effect and asymmetric demand information [J]. Transportation Research Part E: Logistics and Transportation Review, 2020, 142.

[26] Pi Z, Fang W, Zhang B. Service and pricing strategies with competition and cooperation in a dual-channel supply chain with demand disruption [J]. Computers & Industrial Engineering, 2019, 138.

[27] Guan Z, Zhang X, Zhou M, Dan Y. Demand information sharing

in competing supply chains with manufacturer-provided service [J] . International Journal of Production Economics，2019.

[28] Ingene C A，Parry M E，Xu Z . Resale price maintenance： customer service without free riding [J] . Journal of Retailing， 2020，96（4）：563-577.

[29] Jiang Y Q，Liu L P，Lim A. Optimal pricing decision for an omni-channel supply chain with retail service [J] . International Transaction in Operational Research，27（6）：2927-2948.

[30] Liu L，Feng L，Xu B，Deng W. Operation strategies for an omni-channel supply chain：Who is better off taking on the online channel and offline service? [J] . Electronic Commerce Research and Applications，2020，39.

[31] Fisher M L，Gallino S，Xu J Q. The Value of Rapid Delivery in Omnichannel Retailing [J] . Journal of Marketing Research，2019，56（5）：732-748.

[32] Giovanni P D，Zaccour G . Optimal quality improvements and pricing strategies with active and passive product returns [J] . Omega，2019，88：248-262.

[33] 张学龙,吴豆豆,王军进,刘家国,张一纯. 考虑退货风险的制造商双渠道供应链定价决策研究[J]. 中国管理科学,2018,26（03）:59-70.

[34] Hu X，Wan Z，Murthy N N . Dynamic pricing of limited inventories with product returns [J] . Manufacturing & Service Operations Management，2019，21（3）：501-518.

[35] Li W，Chen J，Chen B. Supply chain coordination with customer returns and retailer's store brand product [J] . International Jour-

nal of Production Economics，2018，203：69-82.

[36]刘健，张珣，陈杰，刘思峰. 全渠道零售商退货方式和定价研究[J/OL]. 中国管理科学：1-12.

[37]Xu X, Jackson J E. Investigating the influential factors of return channel loyalty in omni-channel retailing [J]. International Journal of Production Economics，2019，216：118-132.

[38]陈飔佳，官振中. 消费者失望厌恶下全渠道零售商退货策略研究[J/OL]. 中国管理科学：1-13.

[39]刘金荣，徐琪，陈啟. 考虑网络退货和渠道成本时全渠道BOPS定价与服务决策[J]. 中国管理科学，2019，27（09）：56-67.

[40]Li Z, Yang W, Chen X. Omnichannel inventory models accounting for Buy-Online－Return-to-Store service and random demand [J]. Soft Computing，2021，25（17）：11691－11710.

[41]Jin D, Caliskan-Demirag Q, Chen F, Huang M. Omnichannel retailers' return policy strategies in the presence of competition [J]. International Journal of Production Economics，2020，225.

[42]Jin D, Huang M. Competing e-tailers' adoption strategies of buy-online-and-return-in-store service [J]. Electronic Commerce Research and Applications，2021，47，101047.

[43] Huang M, Jin D L. Impact of Buy-Online-and-Return-in-Store Service on Omnichannel Retailing：A Supply Chain Competitive Perspective [J]. Electronic Commerce Research and Applications，2020，41.

[44] Bell D R, Gallino S, Moreno A. Offline showrooms in omnichannel retail：demand and operational benefits [J]. Management Science，2018，64（4）：1629-1651.

[45] Gao F, Su X. Omnichannel retail operations with buy-online-and-pick-up-in-store [J]. Management Science, 2017, 63 (8): 2478-2492.

[46] Dzyabura D, Jagabathula S. Offline assortment optimization in the presence of an online channel [J]. Management Science, 2018, 64 (6): 2767-2786.

[47] Ailawadi K L, Farris P W. Managing multi-and omni-channel distribution: metrics and research directions [J]. Journal of Retailing, 2017, 93 (1): 120-135.

[48] Gao F, Su X. Omnichannel service operations with online and offline self-order technologies [J]. Management Science, 2018, 64 (8): 3595-3608.

[49] Jin M, Li G, Cheng T C E. Buy online and pick up in-store: design of the service area [J]. European Journal of Operational Research, 2018, 268 (2): 613-623.

[50] Maccarthy B L, Zhang L, Muyldermans L. Best performance frontiers for buy-online-pickup-in-store order fulfilment [J]. International Journal of Production Economics, 2019, 211: 251-264.

[51] Glaeser C K, Fisher M, Su X. Optimal retail location: empirical methodology and application to practice [J]. Manufacturing & Service Operations Management, 2019, 21 (1): 86-102.

[52] Saha K, Bhattacharya S. "Buy online and pick up in-store": Implications for the store inventory [J]. European Journal of Operational Research, 2021, 294 (3): 906-921.

[53] 孔瑞晓, 官振中, 罗利. 基于 BOPS 的全渠道供应链结构研究 [J]. 管理学报, 2019, 16 (07): 1072-1080.

[54] 范辰，刘咏梅，陈晓红．考虑向上销售和渠道主导结构的 BOPS 定价与服务合作[J]．中国管理科学，2018，26（03）：101-108．

[55] 刘咏梅，周笛．实行 BOPS 模式是否总是有益的？与传统双渠道的对比研究[J]．运筹与管理，2018，27（02）：168-177．

[56] 张琴义，张国宝，曹稳．全渠道背景下不同销售模式的策略研究[J]．系统科学学报，2019，27（02）：96-100．

[57] Gallino S，Moreno A．Integration of online and offline channels in retail：the impact of sharing reliable inventory availability information[J]．Management Science，2014，60（6）：1434-1451．

[58] Herhausen D，Binder J，Schoegel M，Herrmann A．Integrating bricks with clicks：retailer-level and channel-level outcomes of online – offline channel integration[J]．Journal of Retailing，2015，91（2）：309-325．

[59] Gao F，Su X．Online and offline information for omnichannel retailing[J]．Manufacturing & Service Operations Management，2017，19（1）：84-98．

[60] Kim E，Park M-C，Lee J．Determinants of the intention to use buy-online，pickup in-store（BOPS）：the moderating effects of situational factors and product type[J]．Telematics and Informatics，2017，34（8）：1721-1735．

[61] Shi X，Dong C，Cheng T C E．Does the buy-online-and-pick-up-in-store strategy with pre-orders benefit a retailer with the consideration of returns?[J]．International Journal of Production Economics，2018，206：134-145．

[62] 刘咏梅，周笛，陈晓红．考虑线下零售商服务成本差异的 BOPS 渠道整合[J]．系统工程学报，2018，33（01）：90-102．

[63] 范辰，刘咏梅，陈晓红．考虑渠道竞争和消费者行为的 BOPS 定价

与服务合作[J]. 系统工程学报, 2018, 33 (03): 387-397.

[64] 赵菊, 程薇嘉, 张斌. 基于BOPS的渠道整合策略[J], 运筹与管理, 2020, 29 (11): 129-137.

[65] He Y, Xu QY, Shao Z. "Ship-from-store" strategy in platform retailing [J]. Transportation Research Part E: Logistics and Transportation Review, 2021, 145.

[66] Yang D J, Zhang X J. Omnichannel operations with ship-from-store [J]. Operations Research Letters, 2020, 48 (3): 257-261.

[67] Yang D J, Zhang X J. Quick response and omnichannel retail operations with the ship-to-store program [J]. International Transactions in Operational Research, 2020, 27 (6): 3007-3030.

[68] Ertekin N, Gumus M, Nikoofal M E. Online-Exclusive or Hybrid? Channel Merchandising Strategies for Ship-to-Store Implementation [J]. Management Science, 2021.

[69] Mandal P, Basu P, Saha K. Forays into omnichannel: An online retailer' strategies for managing product returns [J]. European Journal of Operational Research, 2021, 292 (2): 633-651.

[70] He Y, Xu Q Y, Wu P K. Omnichannel retail operations with refurbished consumer returns [J]. International Journal of Production Research, 2020, 58 (1): 271-290.

[71] Zhang J, Xu Q, He Y. Omnichannel retail operations with consumer returns and order cancellation [J]. Transportation Research Part E: Logistics and Transportation Review, 2018, 118: 308-324.

[72] Nageswaran L, Cho S H, Scheller-Wolf A. Consumer Return Policies in Omnichannel Operations [J]. Management Science, 2020, 66 (12).

[73]Du S F, Wang L, Hu L. Omnichannel management with consumer disappointment aversion [J]. International Journal of Production Economics, 2019, 215: 84-101.

[74]Wei Y, Li F. Omnichannel supply chain operations for luxury products with conspicuous consumers [J]. Transportation Research Part E: Logistics and Transportation Review, 2020, 137.

[75]Shao X. Omnichannel retail move in a dual-channel supply chain [J]. European Journal of Operational Research, 2021, 294 (3): 936 – 950.

[76]Li Z H, Yang W S, Jin H S, Wang D. Omnichannel retailing operations with coupon promotions [J]. Journal of Retailing and Consumer Services, 2021, 58.

[77]Gupta V K, Dakare S, Fernandes K J, Thakur L S, Tiwari M K. Bilevel Programming for Manufacturers Operating in an Omnichannel Retailing Environment [J]. IEEE Transactions on Engineering Management, 2021.

[78]周艳菊, 鲍茂景, 陈晓红, 徐选华. 基于公平关切的低碳供应链广告合作-减排成本分担契约与协调[J]. 中国管理科学, 2017, 25 (02): 121-129.

[79]Yoshihara R, Matsubayashi N. Channel coordination between manufacturers and competing retailers with fairness concerns [J]. European Journal of Operational Research, 2021, 290 (2): 546-555.

[80]Zhang Z, Liu S, Niu B. Coordination mechanism of dual-channel closed-loop supply chains considering product quality and return [J]. Journal of Cleaner Production, 2020, 248.

[81]Jin L, Zheng B, Huang S. Pricing and coordination in a reverse

supply chain with online and offline recycling channels: A power perspective [J]. Journal of Cleaner Production, 2021, 298.

[82] Kouvelis P, Shi D. Who should compensate the sales agent in a distribution channel? [J]. Production and Operations Management, 2020, 29 (11): 2437-2460.

[83] 范建昌, 付红, 李余辉, 洪定军. 渠道权力结构与责任成本分担下供应链质量及协调研究[J]. 系统工程理论与实践, 2020, 40 (07): 1767-1779.

[84] 范小军, 陈宏民. 零售商竞争环境下数量折扣和进场费组合的渠道协调策略[J]. 管理工程学报, 2016, 30 (01): 155-160.

[85] 李宗活, 杨文胜, 陈信同. 基于零售商创新投入的双渠道供应链协调策略[J]. 控制与决策, 2019, 34 (08): 1754-1760.

[86] 纪雅杰, 马德青, 胡劲松. 供应商管理库存下基于消费者行为偏好的全渠道运营策略[J]. 中国管理科学, 2021, 29 (01): 82-96.

[87] 郭金森, 杨萍, 周永务, 杨玉珍. 规模不经济下基于一致定价和促销努力的双渠道供应链协调策略[J]. 运筹与管理, 2021, 30 (08): 99-107.

[88] Pei Z, Wooldridge B R, Swimberghe K R. Manufacturer rebate and channel coordination in O2O retailing [J]. Journal of Retailing and Consumer Services, 2021, 58.

[89] 李重莲, 范定祥, 王晓蕾. 双向公平关切下双渠道供应链的线上线下融合契约设计[J]. 中国管理科学, 2021, 29 (11): 122-133.

[90] 李亚东, 鲜春兰, 官振中. 双重行为偏好下供应商主导型供应链决策与协调研究[J]. 管理工程学报, 2021, 35 (03): 181-194.

[91] 王威昊, 胡劲松. 线上结合线下的供应链动态服务与定价决策研究[J]. 运筹与管理, 2021, 30 (12): 84-91.

[92] 曹晓宁，王永明，薛方红，刘晓冰. 供应商保鲜努力的生鲜农产品双渠道供应链协调决策研究[J]. 中国管理科学，2021，29（03）：109-118.

[93] 李建斌，郭培强，陶智颖. 双边收益共享与两部收费契约下的全渠道协调策略[J]. 系统工程理论与实践，2021，41（11）：2887-2901.

[94] Yan R，Pei Z. Return policies and O2O coordination in the e-tailing age [J]. Journal of Retailing and Consumer Services，2019，50：314-321.

[95] 江玉庆，刘利平，刘帆. BOPS 模式下基于成本共担契约的供应链协调策略[J/OL]. 控制与决策：1-10.

[96] Zhang L H，Wang J G. Coordination of the Traditional and the Online Channels for a Short-life-cycle Product [J]. European Journal of Operational Research，2017，258（2）：639-651.

[97] 刘灿，但斌，张旭梅，徐广业. 存在展厅效应的双渠道供应链协调策略研究[J]. 计算机集成制造系统，2018，24（04）：1017-1023.

[98] Li M L，Zhang X M，Dan B. Competition and cooperation in a supply chain with an offline showroom under asymmetric information [J]. International Journal of Production Research，2020，58（19）：5964-5979.

[99] Amrouche N，Pei Z，Yan R L. Mobile channel and channel coordination under different supply chain contexts [J]. Industrial Marketing Management，2020，84：165-182.

[100] Yu X H，Wang S J，Zhang X D. Ordering Decision and Coordination of a Dual-Channel Supply Chain with Fairness Concerns Under an Online-to-Offline Model [J]. Asia-Pacific Journal of

Operational Research, 2019, 36 (2).

[101] Chen Z S, Fang L, Su S L L. The value of offline channel subsidy in bricks and clicks: an O2O supply chain coordination perspective [J]. Electronic Commerce Research, 2021, 21 (2): 599-643.

[102] Pei Z, Yan R L, Ghose S. Which one is more valuable in coordinating the online and offline distribution? Service support or online price coordination [J]. Industrial Marketing Management, 2020, 87: 150-159.

[103] Hsiao H, Chen Y J. Strategic motive for introducing internet channels in a supply chain [J]. Production and Operations Management, 2014, 23 (1): 36-47.

[104] Luo L, Sun J. New product design under channel acceptance: brick-and-mortar, online-exclusive, or brick-and-click [J]. Production and Operations Management, 2016, 25 (12): 2014-2034.

[105] Yang W J, Zhang J T, Yan H. Impacts of online consumer reviews on a dual-channel supply chain [J]. Omega, 2021, 101.

[106] Zhang T, Feng X H, Wang N N. Manufacturer Encroachment and Product Assortment under Vertical Differentiation [J]. European Journal of Operational Research, 2020, 293 (1): 120-132.

[107] Li Y M, Li G, Tayi G K, Cheng T C E. Return shipping insurance: Free versus for-a-fee? [J]. International Journal of Production Economics, 2021, 235, 108110.

[108] Chen Z W, Fan Z P, Zhao X. Offering return-freight insurance or not: Strategic analysis of an e-seller's decisions [J]. Omega, 2020, 103.

[109] Li T, Xie J, Liu X. Consumer return policies in presence of a P2P market [J]. Omega, 2020, 97.

[110] Ma B, Di C, Hsiao L. Return window decision in a distribution channel [J]. Production and Operations Management, 2020, 29 (9): 2121-2137.

[111] Letizia P, Pourakbar M, Harrison T. The impact of consumer returns on the multichannel sales strategies of manufacturers [J]. Production and Operations Management, 2018, 27 (2): 323-349.

[112] Hsiao L, Chen Y. Return policy: hassle-free or your money-back guarantee? [J]. Naval Research Logistics, 2014, 61 (5): 403-417.

[113] 赵菊, 张强, 程薇嘉. B2C 零售商退货渠道策略研究 [J]. 运筹与管理, 2019, 28 (12): 130-136.

[114] Yang H, Chen J, Chen X, Chen B. The impact of customer returns in a supply chain with a common retailer [J]. European Journal of Operational Research, 2017, 256 (1): 139-150.

[115] Chen J, Chen B, Li W. Who should be pricing leader in the presence of customer returns? [J] European Journal of Operational Research, 2018, 265 (2): 735-747.

[116] Jia J X, Chen S H, Li Z W. Dynamic pricing and time-to-market strategy in a service supply chain with online direct channels [J]. Computers & Industrial Engineering, 2019, 127: 901-913.

[117] Chen X, Luo J, Wang X, Yang D. Supply chain risk management considering put options and service level constraints [J]. Computers & Industrial Engineering, 2020, 140, 106228.

[118] Huang S, Guan X, Chen Y J. Retailer Information Sharing with Supplier Encroachment [J]. Production and Operations Management, 2018, 27 (6): 1133-1147.

[119] Dong B W, Tang W S, Zhou C, Ren Y F. Is dual sourcing a better choice? The impact of reliability improvement and contract manufacturer encroachment [J]. Transportation Research Part E: Logistics and Transportation Review, 2021, 149.

[120] Zhang L H, Tian L, Chang L Y. Equilibrium strategies of channel structure and RFID technology deployment in a supply chain with manufacturer encroachment [J]. International Journal of Production Research, 2021.

[121] Xie J, Zhang W, Liang L, Xia Y, Yin J, Yang G. The revenue and cost sharing contract of pricing and servicing policies in dual-channel closed-loop supply chain [J]. Journal of Cleaner Production, 2018, 191 (4): 361-383.

[122] Zhang S, Zhang J, Zhu G. Retail service investing: an anti-encroachment strategy in a retailer-led supply chain [J]. Omega, 2019, 84: 212-231.